O.Nashchubskiy

Lo psicologo consiglia:

preparazione psicologica dei futuri genitori ed educazione ludica dei bambini sotto i quattro anni.

Parte teorica.

(Non contiene parti pratiche e didattiche.)

Cuore dell'UA.
Fondazione di beneficenza privata.

Gli orfanotrofi che si prendono cura dei bambini colpiti dalla guerra tra Russia e Ucraina ricevono il 50% dei profitti dalla vendita di questo libro.

Traduttore - E. Borovkova
GEISER-9e8d-e63f-8a05-439d-a3ed-ceed-cf6d-4878
Spagna - 2024

La parte teorica del libro riguarda l'educazione dei bambini utilizzando il metodo del gioco per i bambini sotto i quattro anni.

Sommario
Estratto dall'autore.
introduzione
Capitolo 1. Competenze che si sviluppano nei bambini di età inferiore ai quattro anni.
Capitolo 2. L'importanza della partecipazione degli adulti allo sviluppo dei bambini sotto i quattro anni.
Capitolo 3. Psicologia dello sviluppo delle competenze nei bambini di età inferiore ai quattro anni.
Capitolo 4. I vantaggi dei giochi da tavolo fatti in casa.
Capitolo 5. I vantaggi dei giochi da tavolo di carta per i bambini sotto i quattro anni.
Capitolo 6. L'efficacia dei giochi da tavolo fatti in casa per lo sviluppo dei bambini piccoli.
Capitolo 7. I giochi da tavolo creati dai bambini sono il miglior elemento educativo per l'educazione e lo sviluppo di molte abilità.
Capitolo 8. Regole del gioco per diversi giochi da tavolo.
Capitolo 9. Descrizione dell'utilità dei giochi descritti nello sviluppo di un bambino.
Conclusione
Beneficenza

Il libro **non contiene una parte pratica e didattica;** queste due parti sono state pubblicate come libro separato, poiché sono pensate per diverse fasce di età e si basano su diverse fiabe per bambini, che costituiscono la base fondamentale per i giochi da tavolo.

La parte pratica comprende fiabe e diverse regole dei giochi da tavolo.

La parte educativa comprende tutti gli oggetti e gli elementi necessari al gioco, che possono essere ridisegnati o semplicemente ritagliati dalle pagine di un libro cartaceo fisico.

Tutti i miei libri, la continuazione di questa serie di educazione psicologica dei bambini, così come tutti i libri aggiuntivi con materiali pratici pratici e teorici, possono essere trovati su Amazon inserendo il mio cognome nella ricerca: Nashchubskiy

Estratto dall'autore .
I giochi da tavolo sono un ponte tra generazioni

Immagina: la sera, i tronchi bruciano nel camino, riscaldando un soggiorno così accogliente con il loro calore, le candele bruciano comodamente sulla mensola del camino e sul tavolo. La famiglia e gli amici sono riuniti attorno al tavolo e sul tavolo è disposto un gioco da tavolo. Tutti sono appassionati, ridono, discutono, gioiscono delle vittorie e sperimentano le sconfitte. Il tempo vola.

I giochi da tavolo non sono solo intrattenimento. Questa è un'intera cultura che unisce persone di età diverse. Giocando ai giochi da tavolo, non solo ci divertiamo con i nostri amati bambini, ma sviluppiamo anche le loro capacità, insegniamo ai bambini a comunicare e cooperare durante lo sviluppo sociale.

Il gioco sviluppa il pensiero. Molti giochi da tavolo richiedono ai giocatori di utilizzare il pensiero logico, la pianificazione strategica e le capacità decisionali. Giocando a questi giochi, i bambini sviluppano la loro intelligenza, imparano a pensare fuori dagli schemi e trovano anche soluzioni non standard che non sono praticate nella vita di tutti i giorni per il loro sviluppo.

Il gioco ti insegna a comunicare con altri bambini e adulti. I giochi da tavolo sono un modo incredibile per imparare a comunicare con altre persone. Giocando insieme, i bambini imparano a comunicare tra loro, a negoziare e a trovare compromessi. I bambini imparano anche ad esprimere le proprie emozioni e sentimenti durante il gioco, le circostanze del gioco, la vittoria e la sconfitta.

Il gioco rafforza le relazioni familiari. I giochi da tavolo sono un ottimo modo per trascorrere del tempo con la famiglia. Giocando insieme, rafforziamo i rapporti familiari, impariamo a fidarci l'uno dell'altro e a sostenerci a vicenda.

Il gioco apre nuovi mondi concepiti dal gioco. Molti giochi da tavolo sono basati su storie e mondi diversi. Giocando a questi giochi, i bambini si immergono in questi mondi di gioco, imparano nuove storie e altre scene della trama, grazie a ciò i bambini espandono i loro orizzonti.

Prima di iniziare a giocare dovresti sempre pensare a quali giochi da tavolo scegliere? Quando si scelgono i giochi da tavolo per bambini, è importante considerare la loro età e i loro interessi. Per i bambini più piccoli sono adatti giochi semplici con illustrazioni luminose e regole semplici. Per i bambini più grandi, puoi scegliere giochi più complessi che richiedono ai giocatori di pensare in modo logico e strategico, ma per i bambini sotto i quattro anni non è consigliabile iniziare con giochi complessi. Il bambino dovrebbe comprendere facilmente le regole del gioco.

Ecco alcuni consigli per la scelta dei giochi da tavolo per bambini:

- Scegli giochi con regole che i bambini possano capire. Qui è importante tenere conto dell'età e della conoscenza del bambino. Anche i bambini sotto i quattro anni possono avere conoscenze e livelli di sviluppo personale diversi.

- Scegli giochi che interessino i bambini. Dopotutto, ognuno ha i propri interessi, alcuni giochi potrebbero non essere interessanti per i bambini, anche se per altri bambini questo gioco stesso potrebbe essere il loro preferito.

- È incredibilmente importante scegliere giochi che sostengano lo sviluppo dei bambini, soprattutto quelli più piccoli.

E, soprattutto, i giochi da tavolo sono un ottimo modo per trascorrere del tempo con i bambini, insegnare loro qualcosa di nuovo e rafforzare i rapporti familiari.

Introduzione .

Crescere un figlio è un'arte che richiede finezza, amore e devozione incrollabile. Come uno scultore che scolpisce la sua creazione da un'immensa pietra, i genitori plasmano il carattere e il destino del proprio figlio, investendo in ogni momento un pezzo del loro cuore, della loro saggia visione del mondo.

Un neonato è un cristallo incolore, la cui trasparenza e purezza assorbe ogni raggio di luce emanato dai sorrisi della mamma, dai consigli del papà e dal calore generale del focolare familiare. Nel suo mondo, ancora privo di confini e definizioni, ogni parola, ogni gesto degli adulti diventa un pennello che dipinge su questa tela candida. Il disegno può risultare luminoso e armonioso, oppure può essere confuso e scuro. Tutto dipende dai colori scelti dagli insegnanti.

Il percorso verso la formazione di una persona reale con un senso di bontà, giustizia, compassione e profondo rispetto per il mondo che lo circonda passa attraverso la pazienza, l'attenzione e la devozione quotidiana. Gli errori su questo cammino sono inevitabili, ma sono essi che rendono autentico e vivo il processo educativo. Insegnano al bambino e al genitore a lavorare insieme per trovare vie verso l'armonia, la comprensione e il rispetto reciproco.

Un bambino cresciuto con amore, calore e comprensione ha maggiori probabilità di diventare una persona volitiva, compassionevole ed equilibrata, capace di entrare in empatia e aiutare gli altri, lottando per l'auto-miglioramento e apprezzando il mondo in tutta la sua diversità. Questa è la vera arte dell'educazione: allevare fin da bambino una persona reale degna di questo grande titolo.

Questo percorso, sebbene spinoso, è disseminato di speranze e sogni che portano verso le stelle. Un adulto, come un marinaio esperto, guida la sua nave - una piccola personalità - attraverso le acque tempestose dell'infanzia, insegnandogli a superare ondate di dubbi e tempeste di incomprensioni. Con ogni sfida superata, il bambino impara la resilienza, la fiducia e la saggezza, ponendo solide basi per il suo futuro.

L'importanza di un'adeguata educazione non può essere sopravvalutata. Questo non è solo il trasferimento della conoscenza, è la coltivazione dei valori spirituali, l'introduzione della morale e dell'etica. Ogni parola pronunciata dai genitori, ogni azione commessa davanti al bambino è una lezione che assorbono in se stessi, come una spugna assorbe l'acqua.

I genitori sono i primi insegnanti e mentori e il loro ruolo nel plasmare la personalità di un bambino è inestimabile. Gli insegnano a ridere e gioire, simpatizzare e aiutare, sognare e realizzare. Mostrano come stare al timone del proprio destino, come avere fiducia nelle proprie capacità e allo stesso tempo mantenere modestia e gratitudine.

Crescere una persona reale è una creazione che richiede non solo conoscenze e abilità, ma anche un cuore capace di amare in modo sconsiderato e altruistico. Questo è un vero miracolo: vedere come un bambino piccolo si trasforma in una persona saggia, gentile e volitiva, pronta a incontrare il mondo in tutta la sua diversità e bellezza. E ogni genitore che ha investito un pezzo della propria anima in questa creazione può essere orgoglioso che il mondo sia diventato un po' migliore grazie ai loro sforzi.

Far crescere una persona reale da una piccola creatura che ha appena iniziato il suo viaggio non è un compito facile. È simile a come un giardiniere si prende cura di un fiore raro, mettendo tutta la sua anima e la sua abilità per vederlo sbocciare. Ogni giorno della genitorialità è un atto di lavoro attento e competente che richiede pazienza, conoscenza e amore infinito.

Come un artigiano che scolpisce a mano un modello unico nel legno, i genitori modellano con attenzione e attenzione il carattere del loro bambino, realizzandone la piena responsabilità. Questo è incredibilmente difficile, perché ogni decisione, ogni parola e azione ha un impatto indelebile sulla piccola persona, che assorbe la saggezza e l'esperienza degli anziani.

Ma se affronti questo processo con dedizione e competenza, se non ti arrendi di fronte a difficoltà e dubbi, allora è del tutto possibile crescere un bambino che diventerà un modello di persona degna. Un bambino del genere irradierà la luce della gentilezza, della giustizia e dell'amore, illuminando il percorso non solo per se stesso, ma anche per coloro che lo circondano.

Non c'è niente di facile in questo lavoro e a volte il compito sembra travolgente. Ma è proprio nell'impegno profuso in ogni momento dell'educazione che si nasconde il segreto per creare qualcosa di grande. E quando questa piccola persona crescerà e si rivelerà in tutta la sua bellezza, i genitori capiranno che tutti i loro sforzi non sono stati vani. Hanno dato al mondo una persona capace di renderlo migliore, più luminoso e più gentile.

Capitolo 1.
Abilità che si sviluppano nei bambini sotto i quattro anni di età.

Sono molte le abilità che i bambini piccoli sviluppano, soprattutto quelli sotto i quattro anni. Per capire quanti sono ne elenco una piccola parte:

Abilità linguistiche : comprende la comprensione e l'uso delle parole, la formazione di frasi semplici, lo sviluppo della capacità di comunicare.

2. Abilità di cura di sé : come la capacità di nutrirsi, tentativi di vestirsi e svestirsi, abilità igieniche di base.

3. Sviluppo dell'attenzione : capacità di concentrarsi su oggetti o attività, migliorando la capacità di attenzione.

4. Abilità di percezione spaziale : comprendere le relazioni spaziali e la posizione degli oggetti nello spazio circostante .

5. Abilità di problem solving : capacità di esplorare, sperimentare e trovare soluzioni in modo giocoso .

6. Sviluppo della percezione uditiva e visiva : capacità di distinguere suoni, voci e seguire visivamente gli oggetti.

7. Sviluppo della percezione sensoriale : Esplorazione del mondo attraverso il tatto, l'olfatto, il gusto.

8. Sviluppo della memoria : La capacità di ricordare persone, oggetti, eventi che si ripetono.

Abilità adattive : la capacità di adattarsi a nuove situazioni e cambiamenti nell'ambiente.

10. Abilità musicali : reazione alla musica, sviluppo del senso ritmico e interesse per i suoni musicali.

11. Abilità di cronometraggio : comprendere gli elementi temporali di base come "adesso" e "più tardi", iniziare a diventare consapevoli delle routine (ad esempio, routine mattutine e serali) .

12. Interazione interpersonale : prime forme di socializzazione, come reagire ad altri bambini e adulti, iniziando a formare preferenze per determinate persone.

13. Abilità intuitive : sviluppare una comprensione intuitiva del mondo che ci circonda, come un senso intuitivo di sicurezza o pericolo.

14. Abilità , investigazione e scoperta: la capacità di esplorare e scoprire cose nuove nell'ambiente, comprendendo le relazioni di causa ed effetto in una forma più semplice.

Discriminazione emotiva : distinguere e rispondere ai diversi stati emotivi in te stesso e negli altri.

16. Sviluppo della consapevolezza corporea : Consapevolezza del proprio corpo, delle sue parti e possibilità di movimento.

17. Risposta al ritmo e alla melodia : la capacità di rispondere al ritmo e alla melodia, che è la base per una percezione più complessa della musica.

18. Sviluppo delle preferenze personali : Formazione delle proprie preferenze, ad esempio, nel cibo, nei giocattoli, nelle attività.

19. Abilità e interazione di gioco : inizio della padronanza delle abilità di gioco, come l'uso dei giocattoli per lo scopo previsto, semplici giochi di ruolo.

Sviluppo psicomotorio : miglioramento della coordinazione dei movimenti, ad esempio la capacità di raccogliere oggetti e trasferirli di mano in mano.

21. Reazione e istruzioni: capacità di rispondere a semplici indicazioni e comandi, come "prendi", "metti giù".

22. Sviluppo con indipendenza: la manifestazione dei primi segni del desiderio di fare qualcosa in modo indipendente, ad esempio provare a mangiare con un cucchiaio.

23. Consapevolezza di se stessi e degli altri : Inizio a comprendere se stessi come persona separata, così come la consapevolezza delle altre persone come entità separate.

24. Sviluppare l'adattabilità : la capacità di adattarsi a nuove circostanze, come un cambiamento nell'ambiente o l'introduzione di una nuova routine.

25. Sperimentazione e apprendimento : esplorare gli oggetti in vari modi, ad esempio lanciandoli, bussando, scuotendoli.

26. Abilità nell'interagire con gli oggetti : la capacità di manipolare oggetti, comprendendone le funzioni e le capacità.

27. Imitazione : imitare le azioni e il comportamento degli adulti, che è un passo importante nell'apprendimento e nello sviluppo sociale.

28. Discriminazione di suoni e ritmi : reattività a suoni e ritmi diversi, capacità di distinguere tra diversi stimoli sonori.

29. Sviluppo della sensibilità sensoriale : percezione e risposta a vari stimoli sensoriali come texture, temperature, gusti e odori.

30. Orientamento spaziale : sviluppare una comprensione delle relazioni spaziali come vicino/lontano, su/giù.

31. Sviluppo di abitudini e routine : formazione di abitudini e routine di vita di base, come il sonno, il mangiare e le attività di gioco.

32. Reagire ai segnali sociali : comprendere e rispondere ai segnali sociali e alle espressioni facciali, migliorando la capacità di interagire socialmente .

33. Abilità di autoespressione : manifestazione di preferenze e interessi personali, espressione dei propri desideri e antipatie.

Apprendimento osservativo : sviluppare capacità di comprensione e apprendimento osservando le azioni degli altri.

35. Abilità di amoreregolazione : sviluppo iniziale del controllo sulle proprie emozioni e sul proprio comportamento, come la capacità di calmarsi dopo l'eccitazione o la delusione.

36. Reazione alla musica e alla danza : capacità di rispondere alla musica con movimenti del corpo o tentativi di ballare.

37. Comprensione di semplici indicazioni e istruzioni: capacità di comprendere e seguire semplici indicazioni e comandi degli adulti.

38. Interazione ludica con gli oggetti : sviluppare la capacità di interagire con giocattoli e oggetti, comprendendone lo scopo funzionale.

39. Consapevolezza di sé e della personalità : iniziare a comprendere di possedere un'individualità, che risponde al proprio nome .

40. Abilità di scelta : Dimostrare la capacità di fare scelte semplici tra diverse opzioni, ad esempio tra due oggetti o giocattoli.

41. Reazione ai cambiamenti nell'ambiente : adattamento a nuovi luoghi o cambiamenti nell'ambiente familiare.

42. Sviluppo del senso dell'umorismo : reazione a semplici battute o situazioni divertenti, inizio della manifestazione di risate e gioia in risposta a stimoli divertenti.

43. Sviluppo dell'orientamento nello spazio : capacità di navigare nello spazio, comprendendo i concetti di "dentro", "fuori", "sopra", "sotto", ecc.

44. Sviluppo del senso del tempo : Comprensione iniziale di concetti temporali come "adesso", "dopo", sebbene questa comprensione sia ancora molto limitata a questa età.

45. Sviluppare il senso del ritmo : la capacità di percepire e rispondere al ritmo, che spesso si manifesta in movimenti ritmici del corpo al ritmo della musica.

46. Abilità di categorizzazione : capacità di distinguere e raggruppare oggetti in base a determinate caratteristiche, come colore o forma.

47. Comprendere preferenze e antipatie : manifestazione di simpatie e antipatie per determinati oggetti, cibo, attività.

48. Sviluppo sensoriale e di integrazione : la capacità di elaborare e integrare le informazioni ricevute attraverso diversi canali sensoriali .

49. Capacità di pianificazione delle azioni : anche se al livello iniziale, la capacità di pianificare le proprie azioni, ad esempio, il desiderio di raggiungere un giocattolo, pianificando i movimenti per questo .

50. Consapevolezza dei ruoli sociali : comprensione iniziale dei ruoli sociali nella famiglia (ad esempio, chi sono mamma e papà).

51. Sviluppo delle capacità decisionali : decisioni semplici , come scegliere tra due oggetti o azioni .

52. Sviluppo del tracciamento visivo : la capacità di seguire gli oggetti in movimento con gli occhi, che è un aspetto importante dello sviluppo visivo.

53. Abilità di amoreregolazione : sviluppare un sonno regolare e la capacità di auto-calmarsi, che è importante per il benessere e lo sviluppo emotivo.

54. Sviluppo delle abitudini alimentari : Capacità di autoalimentazione, uso base delle posate e sane abitudini alimentari.

55. Sviluppare la capacità di imitare i suoni : oltre alle parole , imita i suoni dell'ambiente, come i suoni degli animali o dei veicoli.

56. Sviluppo della consapevolezza del proprio corpo : Comprensione dei confini del proprio corpo, capacità di identificarsi allo specchio.

57. Reattività alle relazioni di causa - effetto : comprendere semplici relazioni di causa-effetto nella vita di tutti i giorni, come la pressione di un pulsante che provoca una certa reazione .

58. Sviluppo della consapevolezza sensoriale : consapevolezza e risposta a vari stimoli sensoriali come temperatura, consistenza e pressione.

59. Sperimentare con gli oggetti : utilizzare oggetti per altri scopi in modo giocoso che promuove comportamenti creativi ed esplorativi.

60. Sviluppo con spontaneità e giocosità : mostrare giocosità e reazioni spontanee nel gioco, che è una parte importante dello sviluppo sociale ed emotivo.

61. Sviluppare capacità di apprendimento di causa ed effetto : comprendere che determinate azioni possono avere conseguenze, ad esempio far cadere un giocattolo che provoca rumore .

62. Sviluppo di abilità ed esplorazione : esplorare il mondo che ci circonda attraverso il tatto, il gusto e l'olfatto, che promuove lo sviluppo sensoriale.

63. Sviluppo di adattabilità e flessibilità : adattamento a nuove situazioni e cambiamenti nell'ambiente familiare, che è una parte importante dello sviluppo emotivo.

64. Sviluppo delle capacità di scelta e decisionali : Dimostrare preferenze e capacità di scegliere tra diverse opzioni, anche se si tratta di una semplice scelta tra due elementi.

65. Sviluppo della capacità di percepire e distinguere i suoni : Discriminazione di suoni diversi, sviluppo della percezione uditiva, importante per lo sviluppo del linguaggio.

66. Sviluppo della capacità di percezione spaziale : Consapevolezza della propria posizione nello spazio, sviluppo della capacità di orientamento .

67. Sviluppo nella percezione e comprensione delle emozioni : comprendere le emozioni fondamentali in se stessi e negli altri, sviluppando la capacità di empatia a livello iniziale .

68. Abilità nell'interazione con la natura : consapevolezza e risposta ai fenomeni naturali, come la reazione alle condizioni meteorologiche (sole, pioggia) o interesse per animali e piante.

69. Sviluppo della capacità di autocontrollo : Le fasi iniziali dello sviluppo della capacità di controllare alcune delle proprie azioni e impulsi.

70. Sviluppare la capacità di comprendere i confini : comprendere i confini sociali e fisici di base, come imparare a non toccare determinati oggetti o comprendere che determinate azioni non sono accettabili.

71. Sviluppare la capacità di interagire con la tecnologia : anche se a questa età può essere limitata, i bambini iniziano a mostrare interesse per i dispositivi tecnologici come telefoni cellulari o tablet.

72. Sviluppo della comprensione culturale : a livello di base, consapevolezza delle differenze nell'ambiente che possono essere correlate agli aspetti culturali .

73. Sviluppare la capacità di riconoscere ritmi e schemi : la capacità di catturare schemi ritmici e visivi, che possono essere la base per percezioni e apprendimenti più complessi.

74. Capacità di valutazione del rischio : a livello base, ciò implica una comprensione di base del fatto che alcune attività possono essere pericolose o causare disagio .

75. Capacità di ripetere e memorizzare filastrocche e canzoni : Sviluppo della memoria uditiva attraverso la memorizzazione di semplici canzoni e filastrocche.

76. Sviluppare le capacità di pianificazione dell'azione : sebbene questo sviluppo sia nelle sue fasi iniziali, i bambini iniziano a pianificare le loro azioni, come ad esempio prendere un giocattolo che è fuori portata.

77. Sviluppo della comprensione della persona e dell'identità : consapevolezza iniziale di se stessi come persona separata, inclusa la consapevolezza del proprio nome.

78. Capacità di riconoscere e rispondere alle regole e alle aspettative sociali : ad esempio, rispondere ai comandi "no" o comprendere semplici regole di comportamento.

79. Sviluppo di capacità di auto- calmarsi : la capacità di auto-calmarsi dopo stress o turbamento, ad esempio abbracciando un giocattolo o un oggetto morbido.

80. Capacità di riconoscere e rispondere ai cambiamenti della routine quotidiana : ad esempio , comprendere la differenza tra tempo di sonno e tempo di attività.

81. Capacità di essere empatico e confortante : all'inizio, ciò può includere gesti semplici come cercare di confortare un altro bambino o un giocattolo .

82. Sviluppare abilità per superare la frustrazione : la capacità di far fronte a piccoli fallimenti o delusioni, ad esempio, quando non si può fare o ottenere immediatamente qualcosa.

83. Sviluppare la sensibilità a nuovi sapori e consistenze alimentari : sperimentare e reagire a diversi tipi di cibo .

84. Capacità di percepire e rispondere a eventi inaspettati : ad esempio, reazione a suoni inaspettati o cambiamenti improvvisi nell'ambiente .

85. Sviluppare un senso del ritmo e della musicalità, ripetizione e invenzione: semplice imitazione del ritmo, magari battendo le mani o battendo i piedi, e inventando le proprie danze o melodia.

86. Sviluppo della capacità di pensare in modo associativo : associare inizialmente oggetti, suoni o azioni a determinati eventi o routine.

Abilità cognitive : include la capacità di apprendere, comprendere, risolvere problemi, ricordare e prendere decisioni. Nei bambini sotto i quattro anni, ciò si riflette nella padronanza di concetti di base come causa ed effetto, nello sviluppo della memoria e nella capacità di percepire ed elaborare le informazioni provenienti dall'ambiente.

Abilità sociali : si riferisce alla capacità di interagire con gli altri, inclusa la comunicazione, il networking, la condivisione, il gioco in gruppo e l'empatia. Per i più piccoli ciò include anche la comunicazione di base e lo sviluppo iniziale delle amicizie.

89. Sviluppo emotivo : implica la comprensione e l'espressione delle proprie emozioni e la capacità di riconoscere e rispondere alle emozioni degli altri. Nei bambini sotto i quattro anni ciò include lo sviluppo di un senso di sicurezza, attaccamento e l'inizio della regolazione emotiva.

90. Sviluppo della creatività e dell'immaginazione : questa è la capacità di pensiero creativo e immaginazione, manifestata in giochi, disegni, storie. Per i più piccoli, ciò può includere semplici giochi di ruolo, giocare con i giocattoli, inventare le proprie piccole storie e reagire alle storie.

Abilità fisiche : si riferisce allo sviluppo delle capacità motorie generali e fini. Ciò include la capacità di camminare, correre, saltare e arrampicarsi (capacità motorie generali), nonché la capacità di manipolare piccoli oggetti, disegnare e costruire con blocchi (capacità motorie fini).

92. Interazione con gli adulti : un aspetto importante dello sviluppo sociale che include la formazione e il tutoraggio da parte degli adulti. Interagire con gli adulti aiuta i bambini a imparare, a comprendere il mondo che li circonda e a modellare il loro benessere emotivo e le loro abilità sociali.

Per quanto hai capito, queste non sono tutte le competenze che potrebbero essere elencate, poiché ce ne sono centinaia. Penso che sia difficile persino nominare un numero specifico, poiché una persona è un organismo molto complesso che non è stato ancora completamente studiato. ma penso che anche un numero così piccolo di abilità diverse che si formano e si sviluppano in un bambino piccolo sarà sufficiente per capire che l'educazione è un processo incredibilmente complesso e in più fasi.

Quasi tutti vivono semplicemente la quotidianità in cui vive il bambino, ed è dall'ambiente, dalle relazioni e dalle regole di comportamento in famiglia che si creano automaticamente tutte le competenze per questa futura persona , che lo guideranno per tutta la vita. A volte questo è corretto, poiché questo è un modo classico di crescere un figlio, ma ci sono momenti in cui si verificano errori nell'educazione, che non possono essere corretti in seguito.

Naturalmente non prenderemo in considerazione nemmeno questa piccola parte delle abilità, ma ci concentreremo solo sulle ultime sei abilità, poiché queste abilità sono fondamentali per lo sviluppo complessivo di un bambino a questa età e sono considerate la chiave per il suo adattamento di successo nel mondo del bambino. futuro alla vita reale.

1- Abilità cognitive,

2- Abilità sociali,

3- Sviluppo emotivo,

4- Sviluppo della creatività e dell'immaginazione,

5- Abilità fisiche,

6- Interazione con gli adulti.

Queste abilità sono una parte importante dello sviluppo complessivo di un bambino e aiutano a costruire le basi per l'apprendimento futuro, l'adattamento sociale e il benessere emotivo. Questi pochi aspetti dello sviluppo aiutano ad arricchire l'esperienza e la comprensione del mondo di un bambino e preparano anche il terreno per abilità più complesse che si svilupperanno man mano che invecchiano.

Poiché sono fondamentali per lo sviluppo dei bambini sotto i quattro anni, li vedremo innanzitutto da diversi punti di vista , in circostanze e condizioni diverse. Fornire naturalmente esempi e giustificare l'importanza concettuale dello sviluppo delle abilità quando si utilizza il metodo del gioco da tavolo per lo sviluppo del bambino.

Esistono moltissimi modi per crescere i bambini, a seconda della scuola psicologica, delle opinioni filosofiche e possono anche variare a seconda delle opinioni culturali, sociali e individuali degli educatori del bambino.

La pratica che ho proposto nell'allevare i bambini sotto i quattro anni si è formata su uno dei desideri fondamentali del bambino, vale a dire il desiderio di giocare. In questo caso, l'apprendimento avviene a un livello invisibile al bambino, quando un adulto, partecipando al gioco, suggerisce, guida la formazione e sviluppa le competenze necessarie nel bambino a seconda del gioco. Questo metodo educativo è stato testato con successo in diversi orfanotrofi in Ucraina ed è rimasto come uno dei principali metodi utilizzati per crescere i bambini.

Il metodo si basa su adulti che giocano a giochi da tavolo con bambini, che non sono solo intrattenimento per i bambini sotto i quattro anni, ma sono anche un potente strumento per lo sviluppo dei bambini. Tra le tante abilità chiave che i bambini sviluppano giocando ai giochi da tavolo, possiamo evidenziare alcune abilità chiave che possono svilupparsi molto più facilmente e velocemente in un bambino durante tali giochi:

1. Abilità cognitive :

- La risoluzione dei problemi e dei compiti creati dal gioco contribuisce allo sviluppo del pensiero critico nei bambini, poiché molti giochi da tavolo richiedono che il bambino prenda decisioni e sviluppi strategie, il che contribuisce allo sviluppo del pensiero critico.

- Vengono sviluppate le abilità matematiche, poiché i giochi spesso implicano il conteggio dei numeri e il calcolo di diverse opzioni per la tua mossa al fine di raggiungere l'obiettivo del gioco e vincere.

- La memoria e la concentrazione nei bambini si sviluppano attraverso giochi che richiedono la memorizzazione di informazioni o la concentrazione sui dettagli. Migliora la memoria e la capacità di concentrazione.

2. Abilità sociali :

- Aspettare il proprio turno insegna ai bambini la pazienza. Imparare ad aspettare il proprio turno e seguire scrupolosamente le regole del gioco è una delle lezioni sociali più importanti per i bambini piccoli.

- Lo sviluppo delle capacità comunicative nei bambini avviene nel processo di comunicazione con adulti e altri bambini durante il gioco, il che aiuta a sviluppare abilità linguistiche e capacità di esprimere i propri pensieri.

- Padroneggiare un'abilità così importante come affrontare le sconfitte insegna ai bambini ad accettare con dignità le proprie sconfitte nel gioco, che è senza dubbio un'importante abilità di vita che li aiuterà ad affrontare i fallimenti in futuro.

3. Sviluppo emotivo. Un gioco da tavolo consente al bambino di sviluppare sicurezza e indipendenza. Dopotutto, è il bambino che dipenderà vincere nel gioco e le strategie di successo adottate possono aumentare significativamente l'autostima di un bambino.

4. Sviluppo della creatività e dell'immaginazione . Quando i bambini sotto i quattro anni giocano, le loro capacità di pensiero sono un aspetto chiave del loro sviluppo cognitivo ed emotivo complessivo. A questa età, i bambini iniziano ad apprendere le basi dell'interazione con il mondo e i giochi possono svolgere un ruolo importante in questo processo. Durante il processo di gioco, i bambini piccoli sperimentano la stimolazione cerebrale, lo sviluppo del linguaggio migliora e vengono instillate le corrette abilità sociali. Lo sviluppo emotivo durante il gioco avviene in quasi ogni fase del gioco, soprattutto durante il proprio turno o la vittoria nel gioco, e anche, naturalmente, durante la sconfitta del gioco .

Poiché il gioco dovrebbe consistere in vincite e sconfitte, è necessario rafforzare adeguatamente i concetti di pura fortuna e impegnarsi con un'attenta pianificazione del proprio turno.

5 . Abilità fisiche. Anche lo sviluppo delle capacità motorie e della coordinazione in giovane età è una delle abilità più importanti. Quasi tutti i giochi da tavolo, soprattutto quelli di carta fatti in casa, richiedono capacità motorie fini. Ad esempio: creare oggetti di gioco, dipingerli, posizionare figure sul campo di gioco, manipolare oggetti di gioco e molte altre azioni eseguite dai bambini durante il gioco contribuiscono allo sviluppo fisico.

6 . Interazione con gli adulti. Giocare ai giochi da tavolo arricchisce notevolmente l'esperienza di un bambino piccolo, fornendo non solo modelli di ruolo, ma promuovendo anche vari aspetti dello sviluppo del bambino, come lo sviluppo del linguaggio, l'acquisizione di abilità sociali e lo sviluppo emotivo del bambino. Risolvere problemi e compiti stabiliti dalle regole del gioco aiuta a sviluppare il pensiero critico. L'interazione fisica e lo sviluppo motorio del bambino avviene durante il gioco, quando un adulto aiuta e insegna come realizzare gli elementi di un gioco da tavolo indipendentemente dalla carta e come manipolarli correttamente con gli oggetti del gioco.

L'interazione dei bambini piccoli con gli adulti durante il gioco arricchisce l'esperienza del bambino fornendo loro un modello chiaro e l'opportunità di imparare da un adulto che aiuta e spiega come giocare seguendo rigorosamente le regole del gioco. Questo è l'adempimento simultaneo di quattro compiti per un adulto: giocare con un bambino e anche, grazie ai giochi da tavolo, stimolare lo sviluppo delle abilità così necessarie per i bambini di questa età. Pertanto, i giochi da tavolo non sono solo una fonte di intrattenimento , ma anche un prezioso strumento di apprendimento e sviluppo per i bambini.

Nei capitoli successivi esamineremo di seguito, da un punto di vista psicologico, ciascuna di queste abilità chiave che dovrebbero essere sviluppate in un bambino di così giovane età, nel modo più semplice e rapido possibile, in relazione a diversi argomenti. E così saremo convinti dell'efficacia dell'approccio allo sviluppo dei bambini con l'aiuto dei giochi da tavolo, soprattutto se realizzati con le nostre mani.

Capitolo 2.
L'importanza della partecipazione degli adulti nello sviluppo dei bambini sotto i quattro anni.

La partecipazione degli adulti allo sviluppo dei bambini sotto i quattro anni è di grande importanza. Questo periodo della vita di un bambino è estremamente importante poiché questi anni gettano le basi per il futuro sviluppo fisico, cognitivo, emotivo e sociale. Diamo un'occhiata agli aspetti chiave per cui la partecipazione degli adulti è così importante:

I. La sicurezza emotiva e l'attaccamento svolgono un ruolo chiave nello sviluppo dei bambini, soprattutto nei primi anni di età fino ai quattro anni. Questi aspetti sono la base per la formazione di relazioni interpersonali sane e il benessere psicologico complessivo del bambino. Diamo un'occhiata a loro in modo più dettagliato.

Sicurezza emotiva.
1. Base della fiducia:
- La sicurezza emotiva si forma quando un bambino si sente amato, curato e protetto. Crea una base per la fiducia nel mondo che ci circonda e in coloro che ci circondano.
- È importante che gli adulti forniscano cure e attenzioni costanti affinché il bambino si senta sicuro e venga istruito, sostenuto e aiutato.
2. Calma e fedeltà :
- Il tocco fisico regolare, gli abbracci e le parole rassicuranti aiutano il bambino a sentirsi protetto e calmo. Questo è importante per sviluppare un senso di fiducia e indipendenza.
- Anche i rituali e le routine prevedibili aiutano a creare un senso di sicurezza nel bambino.

Allegato.
1. Formazione delle relazioni fondamentali :
- L'attaccamento è un legame emotivo che si sviluppa tra un bambino e le sue figure di accudimento primarie (di solito i genitori). È una pietra miliare nello sviluppo delle abilità sociali ed emotive.
- Gli attaccamenti forti si formano attraverso interazioni coerenti e sensibili con gli adulti che rispondono ai bisogni di cura e conforto del bambino.
2. Impatto sulle relazioni future :
- Le prime esperienze di attaccamento hanno un impatto a lungo termine sulla capacità del bambino di costruire e mantenere relazioni future. L'attaccamento sicuro durante l'infanzia promuove lo sviluppo della fiducia in se stessi, dell'empatia e della capacità di interagire

socialmente.

- I modelli di attaccamento disfunzionali possono portare a difficoltà emotive e sociali più avanti nella vita.

La sicurezza emotiva e l'attaccamento sono aspetti fondamentali dello sviluppo dei bambini sotto i quattro anni. Gli adulti svolgono un ruolo chiave nel fornire il supporto, la cura e la coerenza necessari per sviluppare questi importanti aspetti. Prestando attenzione alla creazione di un ambiente emotivamente sicuro e al rafforzamento dell'attaccamento, gli adulti promuovono un sano sviluppo emotivo e sociale del bambino.

II. Lo sviluppo delle abilità linguistiche e comunicative nei bambini di età inferiore ai quattro anni è un aspetto chiave del loro sviluppo complessivo. Questo processo inizia alla nascita e continua per tutta la vita. Diamo un'occhiata a come avviene questo sviluppo nelle fasi iniziali.

Fondamenti di sviluppo delle competenze linguistiche .
1. Percezione della parola e dei suoni :
- Fin dai primi giorni di vita, i bambini sono sensibili ai suoni e alle intonazioni della parola. Cominciano a distinguere tra voci e suoni, che è la base per comprendere il linguaggio.
- Il bambino impara ad associare i suoni a determinati oggetti e azioni, il che contribuisce allo sviluppo della comprensione delle parole.
2. Prime parole e frasi :
- Entro la fine del primo anno di vita, la maggior parte dei bambini inizia a pronunciare le prime parole. Questa è una fase importante nello sviluppo del linguaggio, quando il bambino inizia a utilizzare attivamente il linguaggio per comunicare.
- Le parole si riferiscono solitamente a oggetti della loro vita quotidiana, come "mamma", "papà", "sì", "no".

Sviluppo delle capacità comunicative
Comunicazione non verbale :
- Anche prima che i bambini inizino a parlare, usano la comunicazione non verbale come il pianto, il sorriso, i gesti e le espressioni facciali per esprimere i propri bisogni ed emozioni.
- La risposta degli adulti ai segnali non verbali del bambino contribuisce allo sviluppo delle capacità comunicative e insegna al bambino un modo efficace di comunicare.
2. Interazione con gli adulti :
- Le interazioni quotidiane con gli adulti, tra cui parlare, leggere libri e cantare canzoni, promuovono lo sviluppo delle capacità linguistiche e comunicative.

- Adulti che parlano attivamente al bambino, fanno domande e rispondono ai tentativi del bambino di comunicare, supportano e stimolano l'ulteriore sviluppo del linguaggio.

Lo sviluppo delle abilità linguistiche e comunicative nella prima infanzia pone le basi per l'apprendimento futuro e l'interazione sociale. Questo processo inizia con la semplice percezione dei suoni e si sviluppa nella capacità di usare parole e frasi per esprimere pensieri e sentimenti. La partecipazione attiva degli adulti a questo processo non solo sostiene lo sviluppo del bambino, ma crea anche le basi per forti capacità comunicative in futuro.

III. Lo sviluppo cognitivo nei bambini sotto i quattro anni copre una serie di aspetti importanti legati all'elaborazione delle informazioni, all'apprendimento, alla comprensione e al funzionamento psicologico. Questo processo è fondamentale per lo sviluppo complessivo del bambino e determina la sua capacità di apprendere e adattarsi in futuro. Diamo uno sguardo più da vicino agli aspetti chiave dello sviluppo cognitivo in questa fase.

1. Cognizione e consapevolezza del mondo circostante .
- Dal senso alla percezione: fin dai primi giorni di vita, il bambino inizia ad esplorare il mondo che lo circonda attraverso il tatto, la vista, l'udito, il gusto e l'olfatto. La reattività a luci, suoni, colori e strutture fa parte del primo sviluppo cognitivo.
- Riconoscimento di oggetti e volti : i bambini iniziano a riconoscere i volti, in particolare i genitori, e vari oggetti, il che contribuisce allo sviluppo della cognizione visiva e della memoria.

2. Sviluppo della memoria e dell'apprendimento .
Memoria a breve e lungo termine : i bambini iniziano gradualmente a ricordare le informazioni per periodi più lunghi. La ripetizione di giochi, canzoni e attività aiuta a rafforzare la memoria.
Apprendimento ludico : giochi semplici, canzoni e attività divertenti aiutano i bambini ad apprendere attraverso la ripetizione e l'interazione divertente, che stimola lo sviluppo cognitivo.

3. Sviluppo della parola e del linguaggio .
- Comprensione del vocabolario : le prime parole e la comprensione di frasi semplici come "dare" e " prendere " sono tappe importanti nello sviluppo della capacità linguistica e comunicativa.
- Imitare suoni e parole : i bambini spesso imitano i suoni e le parole che sentono come parte del processo di apprendimento della lingua e di sviluppo della parola.

4. Pensiero logico e risoluzione dei problemi .

- Relazioni di causa - effetto : i bambini iniziano a comprendere semplici relazioni di causa-effetto, come ad esempio il fatto che premendo un pulsante si provoca un determinato suono o luce.

- Soluzione semplice di problemi : risolvere problemi semplici, come raggiungere un oggetto o utilizzare oggetti per raggiungere un obiettivo, fa parte dello sviluppo del pensiero logico .

Lo sviluppo cognitivo nei primi due anni di vita pone le basi per il futuro apprendimento e adattamento del bambino. Durante questo periodo, i bambini imparano rapidamente a percepire e comprendere il mondo che li circonda, a sviluppare capacità di memoria, linguaggio e comunicazione e iniziano anche a padroneggiare le basi del pensiero logico. Il ruolo degli adulti nel sostenere e stimolare questo sviluppo non può essere sottovalutato, poiché l'interazione, l'apprendimento e le esperienze positive durante questo periodo sono fondamentali per lo sviluppo complessivo del bambino.

IV. Lo sviluppo fisico dei bambini sotto i quattro anni è un aspetto chiave del loro sviluppo complessivo. Questo periodo è caratterizzato da una rapida crescita e sviluppo, compresi miglioramenti nelle capacità motorie, nella coordinazione e nella salute fisica generale. Diamo uno sguardo più da vicino agli aspetti principali dello sviluppo fisico a questa età.

1. Sviluppo delle capacità motorie .
motorie generali : include movimenti ampi del corpo come gattonare, camminare, correre e saltare. Queste abilità si sviluppano quando i bambini iniziano a esplorare l'ambiente circostante e diventano più attivi.

- Abilità motorie fini : si riferisce a movimenti più precisi come afferrare oggetti, manipolare piccoli oggetti, disegnare e scrivere. Lo sviluppo di queste competenze è importante per eseguire compiti più complessi in futuro.

Crescita e sviluppo fisico .
- Altezza e peso : i primi due anni di vita sono caratterizzati da una rapida crescita e aumento di peso. Controlli sanitari regolari aiutano a monitorare e mantenere la crescita e lo sviluppo sani del bambino.

- Sviluppo dei sensi : vista, udito, tatto, gusto e olfatto continuano a svilupparsi, aiutando il bambino a percepire e comprendere il mondo che lo circonda .

3. Coordinazione ed equilibrio.

- Miglioramento della coordinazione: quando i bambini iniziano a esplorare il loro ambiente, migliorano la loro coordinazione e capacità di controllare i movimenti del corpo.

Sviluppo dell'equilibrio : abilità come stare su una gamba, camminare e correre aiutano a sviluppare l'equilibrio e la fiducia nel movimento.

4. Attività fisica e salute .

- Rimanere fisicamente attivi : l'esercizio fisico regolare e il gioco all'aria aperta favoriscono uno sviluppo fisico sano e prevengono problemi di peso.

- Nutrizione e salute : una dieta equilibrata e ricca di nutrienti necessari per la crescita e lo sviluppo è un fattore chiave per lo sviluppo fisico.

Lo sviluppo fisico nei primi due anni di vita pone le basi per la salute e il benessere futuri del bambino. Comprende non solo la crescita fisica e lo sviluppo delle capacità motorie, ma anche il miglioramento della coordinazione, dell'equilibrio e della condizione fisica generale. Il ruolo degli adulti nel garantire un'alimentazione sana, un'attività fisica regolare e un ambiente sicuro per lo sviluppo è inestimabile.

V. Lo sviluppo sociale dei bambini sotto i quattro anni è il processo in cui i bambini iniziano a imparare a interagire con altre persone e a comprendere le norme sociali e le regole di comportamento. Questo processo gioca un ruolo importante nel formare le basi per le loro future relazioni interpersonali e l'adattamento sociale. Diamo uno sguardo più da vicino agli aspetti chiave dello sviluppo sociale a questa età.

1. Interazione con genitori e tutori.

- Formazione dell'attaccamento : uno dei primi aspetti importanti dello sviluppo sociale è la formazione dell'attaccamento ai genitori o ai caregiver primari. Rapporti sicuri e stabili con loro creano le basi per la fiducia nel mondo che ci circonda.

- Imitazione ed emulazione : neonati e bambini piccoli spesso imitano il comportamento dei genitori e di altri adulti, che è un modo importante per apprendere abilità sociali.

2. Gioca e interagisci con i coetanei .

Forme precoci di comunicazione : anche se i bambini sotto i quattro anni di solito non interagiscono con gli altri bambini così attivamente come i bambini più grandi, le prime forme di comunicazione come il sorriso, la vocalizzazione e il gioco parallelo iniziano a svilupparsi nei più piccoli.

Abilità sociali attraverso il gioco : giocare con altri bambini aiuta a sviluppare abilità sociali come la condivisione, il fare a turno e la partecipazione ad attività di gruppo.

3. Comprendere le emozioni e la percezione sociale _

- Riconoscere e rispondere alle emozioni : i bambini imparano a riconoscere e rispondere alle espressioni emotive sui volti degli adulti. Questa è la fase iniziale della comprensione delle emozioni degli altri.

- Esprimere emozioni personali : i bambini iniziano a utilizzare una varietà di modi, inclusi suoni, gesti ed espressioni facciali, per esprimere i propri sentimenti ed emozioni.

4. Sviluppo dell'empatia .

- Comprendere i sentimenti degli altri : sebbene la vera comprensione dell'empatia si sviluppi più tardi, in tenera età i bambini possono mostrare forme rudimentali di empatia in risposta allo stato emotivo dei genitori o dei coetanei.

- Conforto e affetto : ad esempio, un bambino può provare a confortare un bambino che piange o ad abbracciare un adulto che sembra triste.

Lo sviluppo sociale nei primi due anni di vita getterà le basi per l'ulteriore apprendimento delle abilità sociali e dell'adattamento alla società. Questo periodo è caratterizzato dai primi passi nella comprensione e nell'interazione con altre persone, nonché nell'acquisizione delle abilità sociali di base. Il ruolo degli adulti nel sostenere e stimolare lo sviluppo sociale attraverso interazioni positive, gioco e apprendimento è fondamentale.

La partecipazione degli adulti alla vita di un bambino nei primi due anni di vita è inestimabile. Aiuta a costruire le basi per uno sviluppo sano in tutto, dal benessere emotivo alle abilità sociali e cognitive. Gli adulti svolgono un ruolo fondamentale nel fornire l'esperienza, il sostegno e la formazione necessari per il successo dello sviluppo di un bambino.

Capitolo 3 .
Psicologia dello sviluppo delle abilità nei bambini sotto i quattro anni.

Sviluppare le competenze dei bambini sotto i quattro anni attraverso i giochi da tavolo è importante dal punto di vista psicologico. A questa età, i bambini si trovano in una fase critica del primo sviluppo, quando il loro cervello si sta sviluppando attivamente e stanno rapidamente imparando nuove abilità. Giocare ai giochi da tavolo può promuovere lo sviluppo in diverse aree chiave:

I. Lo sviluppo cognitivo , soprattutto in tenera età, è un aspetto fondamentale dello sviluppo complessivo del bambino. I giochi da tavolo possono svolgere un ruolo significativo in questo processo. Diamo un'occhiata più in dettaglio a due aspetti chiave dello sviluppo cognitivo legati ai giochi da tavolo:

Stimolazione cerebrale.
1. Pensare e risolvere i problemi :
- Pensiero logico: molti giochi da tavolo richiedono ai bambini di pensare attraverso sequenze di azioni, prevedere i risultati e prendere decisioni sulla base dei dati disponibili.
- Risoluzione dei problemi: i giochi spesso presentano ai bambini compiti di risoluzione dei problemi che incoraggiano il pensiero critico.
2. Sviluppo della memoria :
- Memoria a breve e lungo termine: i giochi che richiedono la memorizzazione di regole, sequenze di azioni o posizioni di oggetti migliorano sia la memoria a breve che a lungo termine.
- Memoria visiva: alcuni giochi da tavolo sviluppano la memoria visiva ricordando immagini o simboli.
3. Percezione:
- Consapevolezza spaziale: i giochi che richiedono il posizionamento di figure o oggetti in un ordine o in una posizione specifica aiutano a sviluppare la consapevolezza spaziale.
- Percezione del tempo: alcuni giochi possono includere elementi temporali, come limiti di tempo per le mosse, che aiutano a sviluppare una comprensione dei tempi.

Sviluppo delle competenze linguistiche .
1. Sviluppo del linguaggio :
- Ampliamento del vocabolario: la comunicazione con adulti e altri bambini durante il gioco può includere nuove parole e concetti, ampliando la conoscenza della lingua.

- Formazione di frasi ed espressione di pensieri: nel processo di discussione delle regole o delle mosse del gioco, i bambini imparano a formulare i loro pensieri in modo più chiaro.

2. Abilità comunicative :

- Interazione sociale: i giochi da tavolo spesso richiedono comunicazione, che aiuta i bambini a imparare a condividere informazioni, esprimere le proprie idee e comprendere gli altri.

- Comprensione del linguaggio: attraverso il gioco i bambini imparano non solo a parlare, ma anche a comprendere il discorso degli altri, che è un elemento chiave per una comunicazione efficace.

Pertanto, i giochi da tavolo forniscono un ambiente ricco per lo sviluppo cognitivo. Non solo stimolano l'attività cerebrale e aiutano a sviluppare capacità di problem solving, memoria e percezione, ma migliorano anche le capacità linguistiche e comunicative.

II. Lo sviluppo fisico , in particolare le capacità motorie e la coordinazione occhio-mano, sono di grande importanza nella prima infanzia. I giochi da tavolo possono essere uno strumento importante in questo processo. Diamo uno sguardo più da vicino a come i giochi da tavolo aiutano a sviluppare queste abilità.

motorie eccellenti .

1. Che cos'è : le capacità motorie fini implicano il controllo dei piccoli muscoli, specialmente delle mani e delle dita. Sviluppare queste abilità è importante per molte attività quotidiane, come disegnare e scrivere , abbottonare e usare le posate.

2. Il ruolo di desktop e gr:

- Manipolazione degli elementi: i giochi da tavolo spesso includono piccoli elementi di gioco come carte, figurine o dadi. Lo spostamento di questi elementi richiede precisione e destrezza delle dita.

- Coordinazione e destrezza migliorate: l'interazione frequente con piccoli oggetti aiuta a migliorare la coordinazione, la flessibilità e la forza delle dita.

3. Benefici a lungo termine :

- Prepararsi a scrivere: le capacità motorie fini sono direttamente correlate allo sviluppo delle capacità di scrittura.

- Fiducia nell'esecuzione dei compiti: aumentare il livello di destrezza manuale rafforza la fiducia del bambino nella sua capacità di svolgere vari compiti.

Coordinazione occhio- mano .

1. Cos'è : La coordinazione occhio-mano è la capacità di coordinare i movimenti della mano con ciò che vede l'occhio. Questa è una competenza

fondamentale per molte attività. Per i bambini, ad esempio, questo significa prendere una palla, disegnare, giocare con giocattoli o giochi da tavolo e altro.

2. Ruolo su desktop e giochi:

- Posizionamento degli elementi sul campo: molti giochi richiedono al bambino di posizionare o spostare elementi sul campo di gioco, il che richiede una stretta coordinazione della vista e dei movimenti delle mani.

- Precisione e controllo: queste attività aiutano a sviluppare la capacità di eseguire movimenti precisi e controllati, che è importante non solo per i giochi, ma anche per molte attività quotidiane.

3. Benefici a lungo termine:

- Migliorare le capacità accademiche e atletiche: una buona coordinazione occhio-mano è essenziale per compiti accademici come leggere e scrivere, nonché per vari sport.

- Migliore attenzione e concentrazione: questi giochi spesso richiedono concentrazione, il che aiuta a migliorare le capacità di concentrazione generali.

Giocando ai giochi da tavolo, i bambini sotto i quattro anni non solo si divertono, ma sviluppano anche attivamente le loro capacità fisiche. Lo sviluppo delle capacità motorie e della coordinazione occhio-mano attraverso il gioco li prepara per compiti più complessi in futuro e promuove lo sviluppo fisico generale.

III. Lo sviluppo sociale ed emotivo è un aspetto chiave dello sviluppo complessivo di un bambino e i giochi da tavolo svolgono un ruolo importante in questo processo. Diamo uno sguardo più da vicino a come i giochi da tavolo aiutano a sviluppare abilità sociali e gestire le emozioni nei bambini sotto i quattro anni.

Abilità sociali.

1. Sequenza e alternanza di mosse:

- Comprendere il turno: i giochi da tavolo insegnano ai bambini il concetto del turno, che è un'importante norma sociale. I bambini imparano ad aspettare il proprio turno e a dare agli altri l'opportunità di fare una mossa.

- Pazienza e attenzione: aspettare il proprio turno sviluppa la pazienza e aiuta a sviluppare l'attenzione alle azioni degli altri giocatori.

2. Condivisione e cooperazione:

- Divisione dell'insegnamento: alcuni giochi da tavolo includono la divisione delle risorse o elementi di gioco che insegnano ai bambini l'importanza della divisione e della condivisione.

- Sviluppo delle capacità di cooperazione: i giochi che richiedono lavoro di squadra o risoluzione congiunta di problemi promuovono la cooperazione e lo spirito di squadra.

3. Rispetto delle Regole:

- Comprendere e seguire le regole: i giochi da tavolo con regole specifiche aiutano i bambini a imparare a comprendere e seguire le istruzioni, che è un'importante abilità sociale.

Gestire le emozioni.

1. Gioia e delusione :

- Affrontare la vittoria e la sconfitta: i giochi da tavolo offrono l'opportunità di sperimentare sia il successo che il fallimento. Questo aiuta i bambini a imparare a godersi le vittorie e ad affrontare la delusione delle sconfitte.

- Resilienza emotiva: i giochi possono essere un luogo sicuro in cui imparare come affrontare emozioni diverse, il che aiuta a sviluppare la resilienza emotiva.

2. Esprimere e comprendere i sentimenti :

- Comunicare i sentimenti: le situazioni di gioco possono incoraggiare i bambini a esprimere i propri sentimenti e imparare a comprendere i sentimenti degli altri, il che aiuta a sviluppare l'empatia.

- Sviluppo dell'empatia e della comprensione reciproca: sostenere e confortare gli altri giocatori in caso di loro fallimenti aiuta a sviluppare empatia e imparare a vedere la situazione dal punto di vista dell'altra persona.

I giochi da tavolo offrono un ambiente ricco per lo sviluppo sociale ed emotivo dei bambini sotto i quattro anni di età. Attraverso il gioco, i bambini apprendono importanti abilità sociali come fare i turni, condividere, cooperare e seguire le regole. Imparano anche a gestire le proprie emozioni, esprimere sentimenti e sviluppare empatia. Queste abilità costituiscono una base importante per le loro future interazioni sociali e il loro benessere emotivo.

IV. Lo sviluppo psicologico di un bambino sotto i quattro anni è un processo complesso e sfaccettato, compreso lo sviluppo di fiducia, indipendenza, concentrazione e attenzione. I giochi da tavolo possono svolgere un ruolo significativo nel supportare questo sviluppo. Diamo un'occhiata più da vicino a questi aspetti.

Fiducia e indipendenza.

1. Sviluppo della fidelizzazione:

- Rinforzo positivo : quando un bambino riesce in un gioco, riceve una soddisfazione psicologica positiva , che aiuta ad aumentare l'autostima. Gli elogi degli adulti e degli altri giocatori per i risultati ottenuti nel gioco possono migliorare significativamente l'autostima di un bambino.

- Padroneggiare nuove abilità : il successo nei giochi, soprattutto nei giochi nuovi per il bambino, rafforza la fiducia nelle proprie capacità e contribuisce allo sviluppo dell'adattabilità e della flessibilità .

2. Sviluppo dall'indipendenza :

- Processo decisionale : i giochi da tavolo spesso richiedono ai bambini di prendere le proprie decisioni, come scegliere una mossa o una strategia, che aiuta a sviluppare l'autonomia.

- Iniziativa e indipendenza: incoraggiare il bambino a giocare in modo indipendente e a prendere decisioni durante il gioco rafforza il senso di indipendenza e iniziativa.

Concentrazione e attenzione.

1. Sviluppo della concentrazione:

- Focalizzazione dell'attenzione : i giochi che richiedono concentrazione su un compito o il rispetto di regole complesse aiutano a sviluppare la capacità di concentrazione.

- Durata dell'attenzione : la partecipazione regolare ai giochi da tavolo può aumentare la quantità di tempo in cui un bambino può concentrarsi su un'attività, il che è vantaggioso per l'apprendimento futuro.

2. Sviluppo della consapevolezza:

- Consapevolezza e percezione : i giochi che richiedono l'osservazione delle azioni degli altri giocatori e la reazione ai cambiamenti nel gameplay migliorano la consapevolezza e la consapevolezza.

- Memoria e dettaglio : i giochi che richiedono di ricordare informazioni o di prestare attenzione ai dettagli, come il posizionamento degli oggetti o le mosse degli altri giocatori, aiutano a sviluppare l'attenzione e la memoria .

Pertanto, i giochi da tavolo possono avere un impatto significativo sullo sviluppo psicologico dei bambini piccoli. Sviluppando fiducia, indipendenza, concentrazione e prontezza, aiutano a sviluppare le competenze fondamentali necessarie per l'apprendimento successivo e l'adattamento sociale. È importante che gli adulti sostengano e incoraggino la partecipazione dei bambini ai giochi da tavolo, offrendo loro opportunità di svilupparsi in un ambiente giocoso e positivo.

V. L'aspetto educativo dello sviluppo dei bambini sotto i quattro anni di età copre una serie di aree chiave, tra cui l'apprendimento e il sostegno da parte degli adulti, nonché lo sviluppo del pensiero creativo e fantasioso. I giochi da tavolo possono svolgere un ruolo importante in questi processi. Esaminiamo ciascuno di questi aspetti in modo più dettagliato.

Formazione e sostegno da parte degli adulti .

1. Il ruolo degli adulti nell'apprendimento :

- Apprendimento interattivo : gli adulti possono utilizzare i giochi da tavolo come mezzo per dimostrare e spiegare vari concetti e abilità come colori, forme, numeri e semplici strategie.

- Sviluppo del linguaggio : Durante il gioco, gli adulti possono comunicare con il bambino, ampliando il suo vocabolario e migliorando le abilità linguistiche parlando e nominando oggetti.

2. Supporto emotivo :

- Incoraggiamento e percezione positiva : gli adulti possono premiare gli sforzi di un bambino e celebrare i suoi risultati, rafforzando così la sua autostima e la sua motivazione .

- Abilità sociali: gli adulti possono modellare il comportamento sociale e la comunicazione, aiutando il bambino ad apprendere importanti abilità sociali come la cooperazione e il rispetto per gli altri.

Sviluppo della creatività e dell'immaginazione in _ _ i miei pensieri e .

1. Stimolazione nelle immagini:

- Giochi creativi e di ruolo : i giochi da tavolo basati su storie o con elementi tematici possono stimolare l'immaginazione del bambino, permettendogli di creare le proprie storie o personaggi.

- Arte e artigianato: i giochi di disegno o costruzione possono stimolare la creatività e l'immaginazione.

2. Sviluppo delle capacità creative :

- Risoluzione dei problemi : i giochi che richiedono al bambino di risolvere problemi creativi o trovare soluzioni innovative promuovono lo sviluppo del pensiero creativo.

- Esplorazione e sperimentazione : offrire ai bambini l'opportunità di esplorare diversi modi di gioco e sperimentare elementi di gioco può incoraggiare l'iniziativa e l'ingegno.

L'aspetto educativo dello sviluppo dei bambini sotto i quattro anni attraverso i giochi da tavolo riguarda l'apprendimento, il sostegno e la stimolazione del pensiero creativo. Gli adulti svolgono un ruolo fondamentale fornendo momenti didattici e supporto emotivo. Possono utilizzare i giochi da tavolo non solo come mezzo per sviluppare abilità specifiche, ma anche come un'opportunità per sviluppare l'immaginazione e il pensiero creativo del bambino. Questi processi sono importanti per lo sviluppo cognitivo, sociale ed emotivo complessivo del bambino.

Giocare ai giochi da tavolo offre molte opportunità per lo sviluppo del bambino durante i momenti importanti della prima infanzia. È importante selezionare giochi adatti all'età e al livello di sviluppo del bambino e garantire che l'esperienza di gioco sia sicura, di supporto e divertente. Accompagnare gli adulti durante il gioco non solo valorizza l'aspetto educativo, ma aiuta anche a rafforzare il legame tra bambino e adulto.

Capitolo 4 .
Vantaggi dei giochi da tavolo fatti in casa.

I giochi da tavolo che i bambini assemblano da soli utilizzando le istruzioni, inclusa la creazione di personaggi, carte e altri elementi di gioco, il disegno e l'incollaggio, forniscono molti vantaggi pedagogici e di sviluppo. Ecco alcuni aspetti chiave dei vantaggi di tali giochi:

I. Lo sviluppo delle capacità motorie e della coordinazione è una parte importante dello sviluppo fisico e cognitivo dei bambini, soprattutto in tenera età. Assemblare e decorare i pezzi del gioco da tavolo offre ai bambini un'opportunità unica di migliorare queste abilità. Diamo uno sguardo più da vicino a come ciò accade.

Migliorare le capacità motorie . _
1. Abilità motorie fini :
- Le capacità motorie fini implicano l'uso di piccoli muscoli delle mani e delle dita necessari per eseguire compiti precisi e delicati.
- Assemblare e decorare elementi di gioco, come ritagliare figure di carta o colorare, richiede movimenti precisi delle dita e dei palmi, che aiutano a sviluppare questi piccoli muscoli.
2. Sviluppo delle capacità motorie :
- I movimenti controllati della mano necessari per disegnare, tagliare e incollare aiutano a migliorare la coordinazione e la flessibilità delle dita.
- La pratica regolare di tali compiti aiuta a migliorare gradualmente le capacità motorie, utili per futuri compiti più complessi come la scrittura.

Coordinazione occhio - mano .
1. Importanza delle azioni concordate :
- La coordinazione occhio-mano si riferisce alla capacità del cervello di sincronizzare le percezioni visive con i movimenti della mano.
- Questa è un'abilità di base necessaria per molte attività quotidiane, dal lancio dei dadi allo spostamento degli oggetti del gioco secondo le regole del gioco.
2. Stimolazione attraverso e gru:
- Compiti come disegnare lungo i contorni, tagliare lungo le linee e incollare con cura richiedono una stretta coordinazione tra ciò che il bambino vede e il modo in cui muove le mani.
- Lo sviluppo di elementi complessi del gioco richiede che il bambino muti costantemente l'attenzione tra l'immagine visiva e l'esecuzione del compito con le mani, il che migliora la sua capacità di coordinare le azioni.

Attività come costruire e decorare giochi da tavolo non sono solo divertenti, ma anche educativi poiché promuovono le capacità motorie e la coordinazione occhio-mano. Queste abilità costituiscono la base per competenze più complesse come la scrittura, il disegno e altre abilità manuali. Lo sviluppo di queste abilità in tenera età fornisce una buona base per l'apprendimento e lo sviluppo successivi.

II. Il pensiero creativo e fantasioso sono componenti chiave dello sviluppo di un bambino e creare i propri elementi di gioco da tavolo può essere un potente catalizzatore per lo sviluppo di queste abilità. Diamo uno sguardo più da vicino a come ciò accade esattamente.

Stimolazione della creatività.

1. Espressione attraverso la creatività:

- Creare i propri elementi di gioco, come figure o carte, fornisce ai bambini una piattaforma per l'autoespressione. Ciò può includere il disegno, la pittura, la scultura, l'intaglio o qualsiasi altra forma di creazione artistica.

- Queste attività non solo consentono ai bambini di sperimentare colori, forme e texture, ma aiutano anche a sviluppare le loro capacità artistiche e il senso estetico.

2. Sviluppo delle competenze:

- Il processo di creazione degli elementi di gioco richiede che il bambino utilizzi varie abilità, tra cui disegnare, scolpire, tagliare e decorare, il che aiuta a migliorare queste abilità.

- Lavorare con materiali e strumenti diversi aiuta anche a sviluppare le capacità motorie, che sono importanti per il lavoro artistico.

Sviluppo dell'immaginazione

1. Immaginazione creativa :

- Creare disegni per figurine, carte e altri elementi di gioco stimola l'immaginazione dei bambini. Possono creare personaggi, creare storie o sviluppare meccaniche di gioco uniche.

- Questo processo offre ai bambini l'opportunità di pensare fuori dagli schemi e realizzare le loro idee in forma fisica.

2. Creatività e risoluzione dei problemi :

- Lo sviluppo degli elementi del gioco potrebbe dover affrontare vari problemi e limitazioni, ad esempio come rappresentare un determinato personaggio o come rendere le meccaniche del gioco interessanti e comprensibili. Risolvere tali problemi sviluppa il pensiero creativo e la capacità di trovare soluzioni innovative.

- Attraverso il processo creativo, i bambini imparano a sperimentare, provare nuovi approcci e imparare dai propri errori, che è un aspetto importante del processo creativo.

Pertanto, creare i propri elementi di gioco da tavolo è un mezzo importante per sviluppare il pensiero creativo e fantasioso nei bambini. Questo processo non solo consente loro di esprimere le proprie idee e creatività, ma sviluppa anche importanti capacità cognitive e artistiche che andranno a beneficio loro più avanti nella vita. È importante incoraggiare questa creatività fornendo ai bambini i materiali e il supporto necessari e creando un ambiente sicuro e di supporto affinché possano sperimentare in modo creativo.

III. Lo sviluppo cognitivo copre molti aspetti del funzionamento mentale, inclusa la capacità di apprendere, percepire, comprendere, risolvere problemi e pensare in modo logico. Diamo uno sguardo più da vicino a come costruire un gioco da tavolo partendo dalle istruzioni può promuovere lo sviluppo cognitivo concentrandosi sul seguire le istruzioni e sulla risoluzione dei problemi.

Seguendo le istruzioni .
1. Comprensione e interpretazione:
- L'assemblaggio di un gioco da tavolo spesso inizia con la lettura e la comprensione delle istruzioni. Ciò richiede che il bambino sia in grado di interpretare ciò che viene scritto e di tradurre le descrizioni verbali in azioni concrete.
- Comprendere le istruzioni insegna ai bambini a leggere attentamente e ad analizzare le informazioni, che è un'abilità fondamentale per l'apprendimento e la vita di tutti i giorni.
2. Sequenza e organizzazione :
- Le istruzioni passo passo insegnano ai bambini a riconoscere la sequenza delle azioni e le loro relazioni. Ciò aiuta a sviluppare capacità organizzative e a comprendere le relazioni di causa-effetto.
- La capacità di seguire le istruzioni è importante anche per sviluppare la concentrazione e l'attenzione ai dettagli.

Risoluzione dei problemi .
Pensiero logico e analisi :
- Nel processo di assemblaggio di un gioco da tavolo, i bambini spesso incontrano problemi che richiedono soluzioni. Potrebbe trattarsi di qualcosa come determinare la posizione corretta di un elemento di gioco o correggere errori in una build.
- Per risolvere tali problemi è necessario che il bambino abbia un pensiero analitico, la capacità di valutare la situazione e scegliere la migliore linea d'azione.
2. Risoluzione creativa dei problemi :

- A volte le soluzioni standard potrebbero non essere efficaci e i bambini devono inventare metodi alternativi. Ciò stimola il pensiero creativo e la capacità di generare nuove idee.

- Tali sfide insegnano ai bambini ad essere flessibili nel loro pensiero e ad adattarsi a nuove situazioni, che è un'abilità importante per la crescita e l'apprendimento personale.

Assemblare un gioco da tavolo partendo dalle istruzioni offre ai bambini l'opportunità di sviluppare importanti capacità cognitive, tra cui la capacità di comprendere e seguire le istruzioni, il pensiero logico e la risoluzione dei problemi. Queste abilità sono fondamentali per il successo accademico e lo sviluppo mentale generale. Aiutano anche i bambini a padroneggiare nuovi compiti, ad apprendere e ad adattarsi alle diverse situazioni della vita.

IV. Lo sviluppo del linguaggio e dell'apprendimento gioca un ruolo fondamentale nello sviluppo cognitivo complessivo di un bambino. Diamo un'occhiata a come il processo di creazione di un gioco da tavolo può aiutare a sviluppare questi aspetti.

Sviluppo delle competenze linguistiche .
1. Abilità comunicative :
- Comunicazione con adulti e coetanei : nel processo di creazione di un gioco, i bambini spesso comunicano con adulti o altri bambini, il che richiede loro di utilizzare competenze linguistiche per esprimere idee, porre domande e scambiare opinioni.
- Espansione del vocabolario : questa interazione può includere nuovo vocabolario relativo alle regole del gioco, ai suoi elementi o al processo di creazione, che contribuisce all'arricchimento del vocabolario .
2. Sociale e interazione:
- Esprimere i propri pensieri e comprendere gli altri : attraverso la comunicazione, i bambini imparano ad esprimersi più chiaramente e a comprendere i punti di vista degli altri, che è un aspetto importante della comunicazione sociale .
- Sviluppare la capacità di ascoltare le altre persone: anche l'ascolto attivo durante le discussioni e le istruzioni è una parte importante delle capacità di comunicazione.

Comprendere le istruzioni
1. Percezione linguistica :
- Lettura e analisi : comprendere le istruzioni richiede che i bambini siano in grado di leggere o ascoltare, analizzare le informazioni ricevute e applicarle nella pratica.

- Seguire passaggi e istruzioni : migliora la capacità di comprendere ed eseguire azioni sequenziali, importante per l'apprendimento e la vita di tutti i giorni.

2. Competenze formative :

Pensiero logico e comprensione : le istruzioni di analisi insegnano ai bambini a trovare connessioni logiche tra i passaggi e a capire come un'azione influisce su un'altra.

Apprendimento autodiretto : la capacità di comprendere autonomamente le istruzioni è importante anche per sviluppare capacità di autoapprendimento che saranno utili a scuola e nella vita.

Pertanto, il processo di creazione di un gioco da tavolo può contribuire in modo significativo allo sviluppo del linguaggio e dell'apprendimento dei bambini. Non solo aiuta a sviluppare abilità linguistiche e comunicative attraverso la comunicazione e lo scambio di idee, ma migliora anche la comprensione delle istruzioni e le capacità di apprendimento necessarie per completare autonomamente compiti e risolvere problemi. Queste abilità sono la base per un apprendimento e una comunicazione di successo a scuola e nella vita di tutti i giorni.

V- La sicurezza e l'accessibilità sono considerazioni importanti nella scelta e nell'utilizzo dei giochi da tavolo per bambini. Diamo uno sguardo più da vicino a come i giochi da tavolo realizzati con la carta soddisfano questi criteri.

Materiali sicuri .
1. Rischio minimo di lesioni :

- La carta come materiale principale riduce significativamente il rischio di lesioni rispetto ai giochi contenenti parti in plastica piccole o taglienti. Ciò è particolarmente importante per i bambini più piccoli, che potrebbero avere difficoltà a coordinare i movimenti e spesso esplorano gli oggetti con la bocca.

- Gli elementi di carta sono generalmente morbidi e flessibili, il che li rende sicuri da maneggiare e con cui giocare.

2. Supervisione negli adulti:

- Quando si lavora con strumenti affilati come forbici o taglierini, è importante avere un adulto nelle vicinanze. Ciò garantirà la sicurezza del bambino e aiuterà a evitare incidenti.

-Gli adulti possono anche aiutare a spiegare e mostrare come utilizzare gli strumenti in modo sicuro.

Disponibilità e rispetto dell'ambiente .
Materiali facilmente disponibili :

- La carta è uno dei materiali più accessibili e diffusi. Ciò rende i giochi da tavolo realizzati in carta facilmente accessibili a una vasta gamma di persone, comprese le famiglie con un budget limitato.

- I giochi cartacei possono essere facilmente copiati o stampati a casa, rendendoli convenienti per un utilizzo facile e veloce.

2. Sostenibilità ambientale :

- La carta è biodegradabile, il che riduce l'impatto ambientale dei giochi dopo l'uso.

- La carta è spesso prodotta da fonti rinnovabili e il suo utilizzo nei giochi aiuta a ridurre gli sprechi e a sostenere il consumo sostenibile.

Pertanto, i giochi da tavolo realizzati in carta offrono un'opzione sicura, conveniente ed ecologica per la creatività e l'apprendimento dei bambini. Forniscono un ambiente sicuro per lo sviluppo e il gioco, supportando al contempo pratiche sostenibili dal punto di vista ambientale. Ciò li rende una scelta eccellente per le famiglie e le istituzioni educative che desiderano fornire esperienze arricchenti e di sviluppo per i bambini.

VI. Il coinvolgimento dei genitori e l'interazione sociale durante il processo di creazione del gioco da tavolo ha un impatto significativo sullo sviluppo sociale ed emotivo del bambino. Consideriamo due aspetti chiave di questo processo:

Passare del tempo con la famiglia .
1. Rafforzamento con legature familiari :

-Creare un gioco da tavolo con la tua famiglia aiuta a rafforzare i legami emotivi. Questa attività condivisa consente ai membri della famiglia di trascorrere del tempo insieme, scambiare idee e lavorare verso un obiettivo comune.

- Crea inoltre ricordi e tradizioni che possono rafforzare i rapporti familiari e creare un senso di appartenenza per il bambino.

2. Interazione e comunicazione :

- Lavorare insieme su un gioco offre l'opportunità di comunicazione e discussione aperte. I genitori possono utilizzare questo tempo per insegnare, fornire feedback e incoraggiare la creatività dei propri figli.

- Questo è anche un momento in cui i genitori possono insegnare ai bambini importanti lezioni di vita come la pazienza, la diligenza e il valore del lavoro di squadra.

Abilità sociali .
1. Sviluppo delle competenze del team :

- Lavorare in squadra per creare un gioco con genitori o coetanei insegna ai bambini il valore della cooperazione e del lavoro di squadra. Questa è un'abilità sociale importante che sarà utile a scuola, nella carriera futura e nella vita sociale.

- I bambini imparano a condividere compiti, ad ascoltare e considerare le idee degli altri e a lavorare insieme per raggiungere un obiettivo comune.

2. Interazione sociale ed empatia :

- Creare un gioco in gruppo dà ai bambini l'opportunità di sviluppare abilità interpersonali come la comunicazione, l'espressione delle proprie idee e il rispetto delle opinioni degli altri.

- Nel processo di lavoro insieme, i bambini imparano a comprendere e tenere conto dei sentimenti degli altri, il che contribuisce allo sviluppo dell'empatia e della capacità di trovare compromessi.

Creare insieme un gioco da tavolo non è solo un'attività divertente, ma anche un modo importante per sviluppare abilità sociali e rafforzare i legami familiari. Ciò offre ai bambini l'opportunità di apprendere, interagire e svilupparsi in un ambiente favorevole e nutriente, che è fondamentale per il loro benessere sociale ed emotivo.

VII. L'interazione con gli adulti nel contesto dei giochi da tavolo di carta per i bambini di età inferiore ai quattro anni gioca un ruolo chiave nel loro sviluppo. Questa interazione non solo rafforza i legami sociali ed emotivi tra bambino e adulto, ma contribuisce anche allo sviluppo di una serie di importanti abilità e competenze.

1. Formazione e sviluppo cognitivo

- Guida e insegnamento: gli adulti possono guidare i bambini spiegando le regole del gioco e dimostrando strategie, che promuovono l'apprendimento e la comprensione.

- Stimolare lo sviluppo del linguaggio: gli adulti possono parlare con i bambini mentre giocano, il che aiuta a sviluppare le competenze linguistiche e ad espandere il vocabolario.

- Supporto per la risoluzione dei problemi: gli adulti possono aiutare i bambini a superare le sfide nel gioco, il che aiuta a sviluppare il pensiero critico e le capacità di risoluzione dei problemi.

2. Sviluppo sociale ed emotivo

- Modellare il comportamento sociale: gli adulti dimostrano norme sociali come il cambio di turno, l'onestà e il rispetto reciproco.

- Rafforzare i legami: giocare insieme rafforza la connessione emotiva tra bambino e adulto, promuovendo un senso di sicurezza e appartenenza.

- Gestione delle emozioni: gli adulti possono aiutare i bambini a imparare ad affrontare le delusioni e le reazioni emotive, come quando un gioco non va come previsto.

3. Sviluppo delle capacità motorie e della coordinazione

- Supporto motorio: gli adulti possono aiutare i bambini a sviluppare capacità motorie fini, come il controllo degli elementi di gioco.

- Interazione fisica: semplici azioni fisiche, come passare carte o figure, promuovono lo sviluppo della coordinazione occhio-mano.

4. Supporto e motivazione

- Incoraggiamento e rinforzo positivo: gli adulti possono premiare gli sforzi e il successo di un bambino, il che aiuta a migliorare l'autostima e la motivazione.

- Adattamento del gioco in base all'età: gli adulti possono adattare il gioco per renderlo più adatto e interessante per il bambino.

Per riassumere , possiamo affermare che i giochi da tavolo creati dai bambini in modo indipendente con l'aiuto dei genitori o dei pari hanno un impatto profondo e multidimensionale sullo sviluppo del bambino. Questi giochi non sono solo una fonte di intrattenimento, ma servono anche come potenti strumenti educativi che aiutano a sviluppare abilità e competenze importanti.

Costruire e creare giochi da tavolo stimola l'attività cerebrale e promuove lo sviluppo di abilità come la risoluzione dei problemi, il pensiero logico, il seguire le istruzioni e la comprensione delle connessioni. Queste attività migliorano le funzioni cognitive come la memoria, l'attenzione e la capacità di apprendimento.

Il processo di creazione dei giochi aiuta a sviluppare le capacità motorie e la coordinazione occhio-mano. Attività come disegnare, tagliare e incollare sono essenziali per migliorare le capacità motorie, importanti per compiti futuri come la scrittura e altre attività manuali più complesse.

Creare tu stesso gli elementi di gioco stimola la creatività e l'immaginazione dei bambini. Ciò dà loro l'opportunità di esprimere le proprie idee, sperimentare materiali diversi e dare vita alle proprie idee creative.

Discutere il processo di creazione di un gioco e comprendere le istruzioni aiuta a sviluppare competenze linguistiche e capacità di apprendimento. Ciò include il miglioramento del vocabolario, la capacità di analizzare ed elaborare le informazioni e lo sviluppo di capacità di comunicazione.

L'uso di carta e altri materiali sicuri rende questi giochi accessibili e sicuri per i bambini, supportando al tempo stesso pratiche sostenibili dal punto di vista ambientale.

Creare insieme un gioco da tavolo promuove la comunicazione familiare di qualità e lo sviluppo delle abilità sociali. Rafforza i legami familiari e insegna ai bambini a interagire e cooperare con gli altri sviluppando empatia e lavoro di squadra.

I giochi da tavolo, raccolti e creati in modo indipendente, offrono un'opportunità educativa unica che copre molti aspetti dello sviluppo di un bambino. Nel complesso, questi giochi da tavolo forniscono uno strumento di apprendimento multifunzionale che allo stesso tempo intrattiene, educa e sviluppa una varietà di abilità importanti. Offrono un ricco ambiente educativo in cui i bambini possono imparare, svilupparsi e creare ricevendo sostegno e guida

Capitolo 5.
I vantaggi dei giochi da tavolo di carta per i bambini sotto i quattro anni .

I giochi da tavolo per bambini sotto i 2 anni dovrebbero essere particolarmente semplici e sicuri, date le limitate capacità motorie e di comprensione di questi bambini piccoli. A questa età è importante concentrarsi su giochi che promuovano lo sviluppo motorio, la percezione tattile e l'interazione di base.

Per i bambini sotto i quattro anni, i giochi da tavolo, compresi quelli che utilizzano elementi di carta, carte, figurine e giochi con e senza tavolo, possono essere molto utili per lo sviluppo. Tuttavia, vale la pena notare che per una così giovane età i giochi dovrebbero essere semplici e sicuri. Ecco i vantaggi che possono offrire:

1. Giochi con elementi di carta:

- Sviluppo delle capacità motorie: lavorare con elementi di carta, come girare carte o muovere forme di carta, promuove lo sviluppo delle capacità motorie.

- Insegnare colori e forme: elementi di carta luminosi e vari possono essere utilizzati per insegnare il riconoscimento di diversi colori e forme.

2. Giochi con le carte:

- Concentrazione e attenzione: semplici giochi con le carte possono aiutare a sviluppare capacità di concentrazione e attenzione.

- Memoria: i giochi che richiedono di ricordare la posizione delle carte aiutano a sviluppare la memoria.

3. Giochi con figure:

- Percezione spaziale: disporre le figure in un certo ordine o in determinati luoghi contribuisce allo sviluppo della percezione spaziale.

- Gioco di ruolo: l'uso delle figurine per il gioco di ruolo aiuta a sviluppare l'immaginazione e la creatività.

4. Giochi con un campo da gioco:

- Seguire le istruzioni: semplici giochi in cui i bambini muovono i pezzi in un campo secondo determinate regole aiutano ad imparare a seguire le istruzioni.

- Conteggio di base: per i giochi in cui è necessario spostare un certo numero di spazi sul campo, è possibile utilizzare le abilità di conteggio di base.

5. Partite senza campo da gioco:

- Interazione sociale: i giochi che non richiedono elementi di gioco fisico spesso includono l'interazione sociale, come l'imitazione di suoni o gesti, che aiuta a sviluppare capacità di comunicazione.

È importante ricordare che per i bambini così piccoli la sicurezza è fondamentale. Tutti gli elementi di gioco devono essere sufficientemente grandi per evitare il rischio di ingestione e realizzati con materiali atossici. È anche importante che gli adulti siano sempre presenti durante il gioco per garantire la sicurezza e guidare il processo di apprendimento.

Capitolo 6.
L'efficacia dei giochi da tavolo fatti in casa per lo sviluppo dei bambini piccoli.

I giochi da tavolo fatti in casa possono essere più efficaci per lo sviluppo dei bambini rispetto ai giochi da tavolo già pronti per una serie di motivi:

I. Stimolare la creatività e l'immaginazione nei bambini è un aspetto fondamentale del loro sviluppo, soprattutto in tenera età. Creando i propri giochi da tavolo, i bambini hanno un'opportunità unica di sviluppare queste importanti qualità. Diamo uno sguardo più da vicino a come ciò accade:

1. Creativo con libertà ed espressione di sé :

- Crea con le tue regole e i tuoi scenari : a differenza del gioco con set già pronti, creare il tuo gioco consente ai bambini di impostare le proprie regole e i propri scenari. Ciò può includere l'ideazione di meccaniche di gioco, storie e obiettivi di gioco unici.

- Personalizzazione: i bambini possono scegliere temi e personaggi che li interessano, permettendo loro di esprimere individualità e interessi personali.

2. Creatività visiva e arte :

- Design e decorazioni : la creazione di elementi di gioco come carte, tabellone o pezzi richiede che i bambini pianifichino e progettano visivamente. Ciò può includere il disegno, la colorazione, il collage e altre forme di creazione artistica.

- Sperimentare con i materiali : i bambini possono sperimentare diversi materiali e tecniche, il che aiuta a sviluppare le loro capacità artistiche e il senso della composizione.

3. Sviluppo dell'immaginazione :

- Inventare e storie: creare storie di sottofondo per i personaggi o la trama del gioco stimola l'immaginazione. I bambini possono creare interi mondi o sviluppare trame complesse.

- Gioco What If?: i bambini spesso fanno domande del tipo "What if?" per creare diversi scenari e risultati per i loro giochi, il che aiuta a sviluppare il pensiero creativo e l'astrazione.

4. Risoluzione dei problemi e innovazione :

Soluzioni insolite : durante la creazione di un gioco, i bambini potrebbero incontrare problemi che richiedono soluzioni non convenzionali. Questo insegna loro ad essere inventivi e a cercare approcci creativi per risolvere i problemi.

- Integrazione e azione: i bambini imparano a integrare idee e concetti diversi per creare un gioco coerente, che sviluppa la loro capacità di pensare in modo integrativo.

Stimolare la creatività e l'immaginazione attraverso la creazione di giochi da tavolo è un potente strumento per lo sviluppo dei bambini. Questo processo non solo consente loro di esprimere e sviluppare la propria creatività, ma li aiuta anche a sviluppare il pensiero critico, la flessibilità mentale e la capacità di innovare. Tutte queste abilità sono preziose nel processo educativo e nella vita in generale.

II. Lo sviluppo delle capacità motorie e della coordinazione occhio-mano è un aspetto importante dell'apprendimento e dello sviluppo della prima infanzia. Nel contesto della creazione di giochi da tavolo, queste abilità si sviluppano attraverso una serie di attività che richiedono precisione, attenzione ai dettagli e coordinazione tra visione e movimenti della mano.

Sviluppo delle capacità motorie fini :

1. Cos'è la motricità fine :

- Le capacità motorie fini comportano l'uso di piccoli muscoli, soprattutto delle mani e delle dita. Sviluppare queste abilità è necessario per eseguire compiti di precisione come scrivere, abbottonare e manipolare piccoli oggetti.

2. In che modo i giochi da tavolo e i giochi contribuiscono allo sviluppo:

Attività manuali : tagliare forme di carta, disegnare, colorare e incollare pezzi di giochi da tavolo richiedono movimenti precisi e controllati delle mani e delle dita.

- Migliora la destrezza: eseguire frequentemente queste attività aiuta a migliorare la destrezza e la flessibilità delle dita, essenziali per lo sviluppo delle capacità motorie.

Coordinazione occhio-mano:

coordinazione occhio-mano , che si riferisce alla capacità di coordinare i movimenti della mano con le informazioni ricevute dagli occhi. Questa abilità è essenziale per molte attività quotidiane, inclusi giochi, sport e scrittura.

2. Sviluppo attraverso giochi da tavolo e da tavolo :

- Precisione : compiti come disegnare lungo le linee, tagliare lungo le linee e incollare insieme richiedono ai bambini di sincronizzare la loro percezione visiva con i movimenti della mano.

- Allenamento sensoriale e motorio : la pratica regolare di tali compiti migliora la capacità dei bambini di coordinare accuratamente le loro percezioni visive con le azioni motorie.

Progettare e creare giochi da tavolo è un ottimo modo per sviluppare le capacità motorie e la coordinazione occhio-mano nei bambini. Queste abilità sono la base per molte importanti abilità di vita e aiutano i bambini ad essere più sicuri e indipendenti nelle loro attività quotidiane. Includere tali attività nel processo educativo contribuisce allo sviluppo completo del bambino, preparandolo per futuri risultati accademici e personali.

III. Lo sviluppo del linguaggio e dell'apprendimento svolge un ruolo importante nello sviluppo olistico dei bambini, soprattutto nelle prime fasi della loro vita. Quando creano giochi da tavolo, i bambini hanno opportunità uniche per migliorare questi aspetti. Diamo uno sguardo più da vicino a ciascuno di essi.

Sviluppo delle competenze linguistiche :
1. Comunicazione e interazione :
- Nel processo di creazione di un gioco da tavolo, i bambini comunicano con genitori, insegnanti o coetanei. Questa comunicazione può includere la discussione di idee, le regole del gioco e l'espressione di pensieri e sentimenti.
- Questi dialoghi aiutano a migliorare le competenze linguistiche, compreso il vocabolario, la grammatica e la capacità di articolare chiaramente i pensieri.
2. Comprensione e interpretazione :
- Leggere, discutere e comprendere le istruzioni per creare un gioco sviluppa le capacità di comprensione della lettura. I bambini imparano ad analizzare le informazioni e a trasformarle in azioni concrete.
- Aiuta anche a sviluppare il pensiero critico poiché i bambini devono interpretare le istruzioni e adattarle alle proprie idee.

Sviluppo educativo :
1. Comprensione e istruzioni:
- Assemblare un gioco da tavolo secondo le istruzioni insegna ai bambini l'attenzione e la capacità di seguire le indicazioni passo dopo passo. Questa è un'abilità chiave per l'apprendimento accademico e il completamento delle attività.
- Comprendere e seguire le istruzioni aiuta anche a sviluppare la capacità di organizzare e pianificare, importante per l'apprendimento e la vita di tutti i giorni.
2. Risoluzione dei problemi :

- Nel processo di creazione di un gioco, i bambini spesso incontrano problemi o compiti inaspettati che richiedono la ricerca di soluzioni. Potrebbe trattarsi di determinare come organizzare al meglio lo spazio di gioco o come rendere il gioco più interessante.
- La risoluzione di tali problemi sviluppa il pensiero logico, la creatività e la capacità di pensare in modo flessibile.

Realizzare giochi da tavolo è un'attività educativa completa che promuove lo sviluppo del linguaggio e dell'apprendimento dei bambini. Questo processo non solo aiuta a migliorare le capacità comunicative e la comprensione del linguaggio, ma insegna anche ai bambini importanti abilità accademiche come leggere istruzioni, pianificare, organizzare e risolvere problemi. Queste abilità sono fondamentali per il successo a scuola e nella vita in generale.

IV. Le abilità sociali e l'interazione familiare sono aspetti chiave dello sviluppo di un bambino e il processo di creazione di giochi da tavolo contribuisce attivamente a migliorare queste qualità. Esaminiamo ciascuno di questi aspetti in modo più dettagliato.

Abilità sociali:
1. Sviluppo delle capacità comunicative :
- Mentre lavorano insieme a un gioco, i bambini comunicano con genitori, insegnanti o compagni, discutendo idee, regole e concetti. Ciò contribuisce allo sviluppo della capacità di condurre un dialogo, esprimere i propri pensieri e comprendere i punti di vista degli altri.
- La comunicazione efficace è un'abilità sociale chiave che aiuta i bambini a interagire in una varietà di situazioni sociali.
2. Lavoro di squadra e collaborazione:
- Creare un gioco spesso richiede lavoro di squadra, soprattutto quando i bambini collaborano con altri per progettare e costruire il gioco. Questo insegna loro a valorizzare il contributo di ciascun membro e a lavorare insieme verso un obiettivo comune.
- La cooperazione e il lavoro di squadra sono competenze importanti di cui i bambini trarranno beneficio a scuola e in futuro.

Interazione familiare :
1. Trascorrere del tempo con la famiglia:
- Creare insieme un gioco da tavolo è un'attività familiare preziosa che rafforza i legami familiari. Questo è un momento in cui genitori e figli possono interagire, imparare gli uni dagli altri e creare ricordi insieme.
- Attività congiunte di questo tipo rafforzano il senso di appartenenza e di sostegno alla famiglia, che è estremamente importante per il benessere emotivo del bambino.

2. Formazione e tutoraggio :

- Durante la creazione di giochi, i genitori possono agire come mentori e insegnanti, trasmettendo nuove conoscenze e competenze ai propri figli. Ciò potrebbe includere l'insegnamento delle basi del design, la spiegazione delle regole dei giochi o anche l'insegnamento della matematica di base e delle abilità di scrittura.

- Questo processo offre inoltre ai genitori l'opportunità di comprendere meglio gli interessi e le capacità dei propri figli, il che può promuovere una maggiore comprensione reciproca ed empatia.

Realizzare giochi da tavolo offre ricche opportunità per sviluppare abilità sociali e rafforzare le relazioni familiari. Questo processo non solo promuove l'apprendimento e lo sviluppo, ma crea anche un ambiente per la collaborazione, la comunicazione e la co-creazione. Pertanto, svolge un ruolo importante nel modellare gli aspetti sociali ed emotivi della personalità di un bambino.

V. Il senso di realizzazione e l'autoefficacia svolgono un ruolo importante nello sviluppo della fiducia e della motivazione di un bambino. Queste qualità sono sviluppate soprattutto nel processo di creazione e di gioco dei giochi da tavolo fatti in casa. Diamo uno sguardo più da vicino a come ciò accade.

Sensazione di realizzazione:
1. Completamento del progetto:
- Il processo di creazione di un gioco da tavolo dall'inizio alla fine è un progetto concreto che i bambini vedono e completano. Quando vedono un gioco finito che hanno creato con le proprie mani, provano un senso di orgoglio e di realizzazione.
- Questa sensazione aumenta quando il gioco viene utilizzato e apprezzato da altri, come familiari o amici.
2. Rinforzo positivo :
- Il feedback e gli elogi di genitori, insegnanti e colleghi per un gioco creato con successo possono migliorare significativamente l'autostima di un bambino.
- Il rinforzo positivo per il lavoro e la creatività aiuta i bambini a valorizzare i propri sforzi e risultati, il che è importante per sviluppare una sana autostima.

Efficienza stessa:
1. Fiducia nelle capacità:

- L'autoefficacia è la convinzione nella propria capacità di portare a termine con successo i compiti e superare le sfide. Creare un gioco da tavolo presenta molte sfide e problemi, la cui soluzione rafforza questa convinzione.

- I bambini imparano che il duro lavoro e la creatività possono portare a risultati positivi, il che rafforza la loro fiducia nelle proprie capacità.

2. Superare le difficoltà :

- Nel processo di creazione di un gioco, i bambini possono incontrare difficoltà o problemi che richiedono la ricerca di soluzioni. Superare queste difficoltà insegna loro la perseveranza e la perseveranza.

- Risolvere con successo i problemi e raggiungere gli obiettivi aumenta il senso di controllo dei bambini sulla propria vita e sulle proprie attività, che è un aspetto chiave dell'autoefficacia.

Il senso di realizzazione e di autoefficacia sviluppato attraverso la creazione di giochi da tavolo ha implicazioni a lungo termine per la crescita e lo sviluppo personale di un bambino. Queste qualità contribuiscono allo sviluppo di fiducia, indipendenza e motivazione, necessarie per un apprendimento di successo e un adattamento sociale. Attraverso il processo di creazione dei giochi, i bambini imparano ad apprezzare i propri sforzi, a credere nelle proprie capacità e a superare le difficoltà, il che costituisce una base importante per il loro futuro. I giochi da tavolo fatti in casa offrono ai bambini un'opportunità unica per uno sviluppo a tutto tondo, tra cui creatività, capacità motorie, abilità linguistiche, abilità sociali e autostima. Sebbene i giochi da tavolo preconfezionati possano anche essere educativi e divertenti, il processo di creazione del proprio gioco offre una gamma più ampia di opportunità di apprendimento e sviluppo attivi per un bambino.

Capitolo 7.
I giochi da tavolo creati dai bambini sono il miglior elemento educativo per l'educazione e lo sviluppo di molte abilità.

In un mondo in cui ogni giorno rivela una nuova pagina nel libro della vita, giocare ai giochi da tavolo fatti in casa con un bambino sotto i quattro anni diventa un ponte magico che collega il mondo degli adulti con il mondo dell'infanzia. Questo non è solo divertimento, è un rituale in cui ogni elemento, ogni dettaglio del gioco, intrecciato dalle mani dei genitori, diventa la chiave del tesoro di abilità e conoscenze per il bambino.

Quando adulti e bambini si riuniscono per creare un gioco da tavolo, non si limitano a incollare cartoni e dipingere figurine. Tessono un filo invisibile di comunicazione, imparano a capirsi senza parole. Un bambino, osservando i suoi genitori, impara la pazienza, l'attenzione ai dettagli e acquisisce le capacità di cooperazione e lavoro di squadra. Questi giochi sono i primi passi nel mondo delle interazioni sociali, la base per lo sviluppo dell'empatia e della comprensione reciproca.

Ad ogni gioco, ad ogni movimento della statuetta sul campo, il bambino rivela nuovi orizzonti della sua immaginazione. I giochi da tavolo fatti in casa diventano un portale verso un mondo dove tutto è possibile, dove i draghi fanno amicizia con le farfalle e le stelle scendono dal cielo per giocare a nascondino. Questo è uno spazio straordinario in cui un bambino impara a sognare, creare, fantasticare e sviluppare le sue capacità creative.

Anche lo sviluppo fisico non viene lasciato da parte. Le capacità motorie fini, che il bambino affina raccogliendo piccole figure, sviluppano la coordinazione e la destrezza. Ogni movimento, ogni azione nel gioco contribuisce allo sviluppo delle capacità motorie grossolane e fini.

I giochi insegnano al bambino le basi delle capacità cognitive: le relazioni causa-effetto, la comprensione delle regole e il loro rispetto, i primi passi per risolvere i problemi. Il mondo delle regole del gioco diventa un modello del mondo più ampio in cui il bambino impara a navigare.

In questo magico processo di creazione e gioco, dove ogni momento è intriso di risate e gioia, vengono gettate le basi per lo sviluppo completo del bambino. Ogni gioco, incarnato nella creatività congiunta, diventa non solo intrattenimento, ma una vera lezione di vita, dove il bambino impara a rispettare le regole, a gioire dei successi e ad accettare con calma le perdite. Queste lezioni lo portano silenziosamente alla comprensione delle verità più profonde della vita: pazienza, determinazione, capacità di superare le difficoltà.

Inoltre, attraverso il gioco, i bambini apprendono le abilità sociali di base: la comunicazione, la capacità di ascoltare ed esprimere i propri pensieri, condividere le proprie emozioni e imparare a comprendere i sentimenti degli altri. Queste abilità diventeranno compagni indispensabili nelle loro vite future, aiutandoli a costruire amicizie, a cooperare con gli altri e a superare i conflitti.

Giocare a giochi da tavolo con regole ferree non è solo un'attività divertente per i bambini sotto i quattro anni , ma anche un prezioso strumento per sviluppare importanti abilità sociali che saranno utili in futuro. Seguire le regole del gioco insegna ai bambini le basi dell'interazione sociale e li prepara alla vita in una società in cui il rispetto di determinate leggi e norme è un aspetto chiave per una socializzazione di successo.

Quali abilità sociali si stanno sviluppando :

1. Rispetto delle regole : Partecipando a giochi con regole chiare, i bambini imparano a comprendere e rispettare la struttura e l'ordine. Ciò si traduce direttamente nella comprensione della necessità di rispettare le norme e le leggi sociali in futuro.

2. Pazienza e attesa del proprio turno : i giochi da tavolo spesso richiedono l'attesa del proprio turno, cosa che sviluppa la pazienza e il controllo degli impulsi nei bambini.

3. La capacità di accettare le sconfitte e di gioire dei successi degli altri : un'importante abilità sociale è la capacità di rispondere adeguatamente sia ai propri successi che a quelli degli altri, così come la capacità di accettare le sconfitte con dignità . Grazie a questo, il bambino impara a capire che non sempre ciò che è stato pianificato si avvererà e tutto sarà come vuole il bambino. Ciò verrà applicato in futuro nella vita sociale, dove la futura persona, membro della società, capirà che il mondo non si basa solo su di lui, in cui ci sono altre persone con i propri desideri. E succede che il piano non si realizza, grazie all'apprendimento di questa lezione, eventuali sconfitte saranno percepite molto più facilmente, capendo che la prossima volta, se pensi meglio alla tua strategia, ti sforzi meglio per l'obiettivo, allora il tuo piano arriverà sicuramente VERO.

4. Sviluppo delle capacità di comunicazione e interazione : i giochi stimolano la comunicazione e la cooperazione, insegnando ai bambini a interagire e costruire connessioni con altri bambini e adulti durante il gioco.

5. Sviluppare un senso di equità e onestà : seguire le regole del gioco insegna ai bambini ad essere onesti e giusti, che è una componente importante per diventare in futuro una persona che rispetterà l'onestà e l'apertura della società.

6. Adattabilità e flessibilità: i giochi insegnano anche l'adattamento a nuove situazioni e cambiamenti, il che aiuta a sviluppare flessibilità nelle interazioni sociali.

7. Sviluppare capacità di risoluzione dei problemi: attraverso il gioco, i bambini imparano a risolvere vari problemi, il che aiuta a sviluppare il pensiero critico e le capacità di risoluzione dei problemi.

Giocando ai giochi da tavolo secondo le regole, i bambini non solo provano gioia e piacere, ma apprendono anche importanti abilità sociali che contribuiranno al loro adattamento di successo nella società in futuro. Questi giochi costituiscono la base per lo sviluppo di una persona responsabile che rispetta le leggi e le norme della società, preparando i bambini alla vita adulta, dove il rispetto delle regole e delle leggi sociali gioca un ruolo chiave.

Ogni dettaglio del gioco, ogni colore e forma, contribuisce allo sviluppo della percezione visiva e dell'attenzione. Partecipando alla creazione di un gioco, il bambino non solo sviluppa la sua immaginazione, ma impara anche ad apprezzare il lavoro e comprende l'importanza dello sforzo profuso per creare qualcosa di nuovo e unico. Questi giochi diventano un simbolo dell'amore e del calore familiare, i cui ricordi gli riscalderanno il cuore per tutta la vita.

Pertanto, giocare ai giochi da tavolo fatti in casa con tuo figlio si trasforma in qualcosa di molto più di un semplice passatempo. Si tratta di un investimento nello sviluppo del bambino, nella sua maturazione intellettuale, sociale, emotiva e fisica. Questi giochi gettano le basi fondamentali del futuro di una persona degna, creativa e socialmente adattata. Dopotutto, ogni piccolo passo nel gioco è un grande passo nella vita.

Giocando con il proprio bambino ai giochi da tavolo fatti in casa, i genitori gli regalano qualcosa di più di un semplice passatempo piacevole. Gli danno gli strumenti per costruire un futuro felice e armonioso. Questi giochi sono i primi piccoli passi di un lungo percorso verso la crescita, passi compiuti con amore e cura. Diventano la base su cui il bambino costruirà la sua personalità, il suo mondo interiore, la sua individualità. Questo è un dono il cui valore non può essere misurato, un dono che rende il mondo più luminoso e gentile.

Utilizzare carta e cartone per realizzare giochi per bambini sotto i quattro anni presenta una serie di notevoli vantaggi, rendendo questo processo non solo creativo, ma anche utile sotto vari punti di vista.

Sicurezza:

- Morbido e non nocivo : carta e cartone sono materiali morbidi e flessibili, che li rendono sicuri per i bambini piccoli. Non presentano angoli taglienti o pericolosi o parti pesanti che potrebbero causare danni.

Rispetto dell'ambiente:

Materiali naturali : carta e cartone sono spesso materiali rispettosi dell'ambiente, soprattutto se riciclati o ottenuti da fonti sostenibili.

- Riciclabili : una volta che i giochi raggiungono la fine della loro vita, questi materiali possono essere facilmente smaltiti o riciclati, riducendo l'impatto ambientale.

Disponibilità:

- Conveniente: carta e cartone sono uno dei materiali più economici, il che rende il processo di creazione dei giochi accessibile alle famiglie di qualsiasi reddito.

- Facilità di acquisto : questi materiali sono ampiamente disponibili e spesso si trovano in ogni casa, rendendo il processo di creazione dei giochi comodo e semplice.

Potenziale creativo :

- Promuove la creatività e l'immaginazione : lavorare con carta e cartone consente ai bambini e ai loro genitori di essere creativi inventando e creando elementi di gioco unici.

- Sviluppo delle abilità attraverso il gioco : creando e disegnando i propri personaggi ed elementi di gioco, i bambini migliorano le loro capacità motorie, coordinazione , immaginazione e creatività.

Valore educativo :

- Apprendimento attraverso il gioco : l'autocreazione di elementi di gioco può includere l'insegnamento dei colori, delle forme e lo sviluppo di abilità linguistiche e comunicative .

- Adattamento alle caratteristiche dell'età : i giochi fatti di carta e cartone possono essere facilmente adattati all'età del bambino, diventando più complessi man mano che cresce e si sviluppa.

Creare giochi da tavolo fatti in casa con carta e cartone per bambini sotto i quattro anni, quindi, non è solo un'attività divertente e utile, ma anche un potente strumento nelle mani dei genitori per lo sviluppo e l'educazione di un bambino, promuovendo la sua totalità. crescita rotonda e sviluppo armonioso.

I giochi da tavolo fatti in casa per bambini sotto i quattro anni, realizzati con materiali semplici come carta e cartone, dovrebbero essere l'emblema della semplicità e della luminosità. Assomigliano a piccoli miracoli creati dalle mani dei genitori, ognuno dei quali ha un significato e uno scopo speciali.

Caratteristiche degli elementi di gioco in carta, cartone di diversa densità e cartone ondulato:

1. Semplicità e sicurezza: i giochi di carta sono quasi completamente sicuri per i bambini. L'importante è usare vernici non tossiche, pennarelli e matite, poiché un bambino piccolo può mettersi in bocca un oggetto da gioco. I prodotti di carta non hanno spigoli vivi che potrebbero danneggiare un bambino. E la presenza di piccole parti, se di carta o di cartone morbido, non sono pericolose per il bambino, anche se le ingerisce. Un sorso d'acqua e l'elemento del gioco di carta si trasforma quasi

istantaneamente in una morbida massa simile a un porridge, che viene eliminata dal corpo nel solito modo senza problemi. Per i bambini molto piccoli, naturalmente, è meglio rendere gli elementi del gioco abbastanza grandi in modo che un bambino molto piccolo possa manipolarli facilmente. Ma più piccoli sono i dettagli, migliore è lo sviluppo delle capacità motorie.

L'unica cosa è che ai bambini molto piccoli, soprattutto sotto i quattro anni, è vietato incollare piccole parti di cartone o carta per dar loro densità, poiché se un bambino ingoia una piccola parte incollata da strati di carta o cartone spesso, non si dissolve rapidamente con l'acqua, il che può causare soffocamento. È inoltre vietato utilizzare cartone spesso per realizzare piccole parti; è possibile utilizzare solo carta, cartone morbido, cartone ondulato (ondulato). Se vuoi sigillare le parti, puoi incollarle insieme utilizzando diversi strati di cartone, ma assicurati che le parti non siano inferiori a dieci centimetri (4 pollici), in modo che il bambino non possa ingoiarle. È inoltre importante ricordare che anche la colla deve essere acquistata non tossica, poiché un bambino piccolo può metterla in bocca, inghiottirla o berla. Le informazioni sulla colla sono indicate principalmente sulla confezione della colla oppure puoi chiedere ai venditori.

2. Vivace e visivamente accattivante: l'uso di colori vivaci e forme semplici aiuta ad attirare l'attenzione del bambino, stimola la percezione visiva e mantiene l'interesse per il gioco. Anche in questo caso va ricordato che i coloranti non dovrebbero essere tossici.

3. Aspetto educativo: i giochi possono includere elementi che promuovono lo sviluppo motorio, come grandi carte da afferrare e manipolare, o elementi da ordinare per forma e colore, che aiutano a sviluppare le capacità cognitive. Tutto dipende dall'età del bambino e dal suo sviluppo. Gli elementi di gioco possono essere di qualsiasi dimensione, ma per i bambini molto piccoli si consiglia di iniziare a utilizzare carte ed elementi di gioco con una dimensione di 10-20 centimetri (4-8 pollici).

4. Coinvolgimento e interazione: i giochi dovrebbero essere incentrati sull'interazione con i genitori. Ciò potrebbe comportare colorare insieme, costruire ritagli di cartone o anche un semplice gioco di ordinamento o abbinamento.

5. Adattabilità e flessibilità: i giochi dovrebbero essere sufficientemente flessibili da adattarsi alle capacità di sviluppo del bambino. Le regole del gioco diventano gradualmente più complesse a seconda della padronanza della materia e della crescita del bambino. Dovrebbero diventare più complessi man mano che il bambino cresce e impara.

6. Prima di iniziare il gioco, l'adulto deve spiegare chiaramente le regole del gioco in corso in modo che il bambino le capisca. E dovrebbero essere discussi anche quali elementi di gioco e come verranno utilizzati

esattamente in questo gioco. La cosa più importante qui è che l'adulto controlli rigorosamente l'attuazione delle regole precedentemente approvate. Si consiglia di scriverli. In questo modo avrai trascritto le regole del gioco che potranno essere riutilizzate in futuro. Questo processo avviene anche con il bambino e durante il processo dialettale vengono discusse e approvate le regole del gioco in corso. Questo è un pezzo di apprendimento estremamente importante.

7 . Storie e storie: incorporare storie, racconti o personaggi semplici e conosciuti che possono essere utilizzati nel gioco stimola l'immaginazione e aiuta a sviluppare le abilità linguistiche. Per i bambini piccoli, prima di giocare, si consiglia di leggere la fiaba a cui è collegato il gioco, questo aggiungerà più interesse al gioco e il bambino ci giocherà con grande piacere.

Quando si creano nuove regole per un gioco da tavolo vengono utilizzate molte abilità e qualità diverse, tra cui:

1. La fantasia e l'immaginazione sono, ovviamente, la base per creare qualsiasi cosa, soprattutto nuove regole. Dopotutto, allo stesso tempo, un adulto e un bambino o un gruppo di bambini devono inventare idee originali, creare mondi e personaggi praticamente nuovi. Oppure, partendo da regole già esistenti, creare nuove regole del gioco che siano in qualche modo diverse dalle altre, ma che saranno estremamente interessanti per il bambino. È giocare a un gioco che hai sviluppato tu stesso.

2. Pianificazione e organizzazione: ciò è necessario per trasformare il caos delle idee, soprattutto se più bambini sono coinvolti nella creazione delle regole del gioco, in un gioco coerente con regole e meccanismi chiari.

3. Mente analitica: aiuta a capire come i giocatori interagiranno con il gioco e a identificare potenziali problemi. Sì, anche se il gioco potrebbe non avere successo secondo le nuove regole, ma per il gioco successivo le regole possono essere corrette e mentre giochi puoi portarle alla perfezione. Ciò svilupperà in modo significativo la mente analitica del bambino, poiché da una regola all'altra il bambino padroneggerà gli errori e sarà in grado di pianificare e calcolare regole abbastanza complesse per il gioco

4. Creatività: ti consente di inventare nuovi meccanismi e soluzioni che rendono il gioco interessante ed emozionante. Dopotutto, in qualsiasi momento può venire l'idea di modificare le regole del gioco e aggiungere, cambiare o rimuovere alcuni elementi dalle regole del gioco.

5. Socievolezza - utilizzata continuamente mentre vengono create nuove regole del gioco, per lavorare sulle regole insieme ad altri bambini e adulti, per raggiungere un accordo generale e l'approvazione delle regole .

6. Controllare l'esecuzione delle regole è compito fondamentale dell'adulto che conduce il gioco. È estremamente importante aderire alle regole precedentemente stabilite. Le nuove idee che emergono non possono essere applicate mentre il gioco è in corso, poiché il bambino rafforzerà il concetto di seguire le regole e le leggi approvate nella futura vita sociale. È consigliabile che un adulto scriva nuove idee e poi le includa nelle regole del nuovo gioco in un nuovo gioco. Oppure è stata giocata una parte di prova del gioco per verificare la funzionalità delle modifiche. Questa è una parte importante, poiché copia il lavoro del parlamento o di un ministero, in cui nuove leggi vengono introdotte per essere esaminate, quindi considerate e discusse in modo più dettagliato, testate e solo successivamente introdotte come aggiunta alle leggi esistenti (norme), o completamente se ne creano di nuovi.

Ma in nessun caso un adulto dovrebbe consentire cambiamenti nelle regole durante il gioco secondo le regole precedentemente concordate, poiché ciò rafforzerà nel bambino il concetto di permissività e la capacità di infrangere le regole stabilite, e in futuro violerà le leggi stabilite di la comunità in cui la persona vivrà.

7. Capacità di risolvere problemi: i giochi sono spesso complessi e confusi, quindi è importante essere in grado di trovare rapidamente soluzioni ai problemi che si presentano. E calcola anche il livello di sviluppo del bambino prima di iniziare il gioco.

8. La capacità di lavorare in squadra durante la creazione di un gioco da tavolo è un processo collettivo, quindi questo processo include capacità di comunicazione, cioè comunicazione con gli altri per imparare a cooperare e negoziare con altri bambini, a volte facendo concessioni o dimostrando la tua versione delle regole di modifica Fondamentalmente, le questioni controverse vengono risolte dai bambini che votano per l'idea che preferiscono. Oppure gioca semplicemente secondo una regola questa volta, e un'altra volta secondo regole diverse, per testare nella pratica quali regole sono più emozionanti.

9. Capacità di apprendere e adattarsi: i giochi da tavolo fatti in casa, con le proprie regole, sono in costante sviluppo e codificazione, questo insegna al bambino ad essere aperto a cose nuove ed essere in grado di adattarsi alle mutevoli condizioni.

Pertanto, quando si creano giochi da tavolo, vengono utilizzate capacità e qualità sia creative che tecniche. Quando i bambini creano le proprie regole per i giochi da tavolo, sviluppano la versatilità dei loro punti di vista e la capacità di pensare fuori dagli schemi.

I giochi da tavolo fatti in casa non solo offrono intrattenimento, ma svolgono anche un ruolo chiave nell'apprendimento e nello sviluppo del bambino. Aiutano a rafforzare il legame tra il bambino e i genitori, creando bei ricordi. Tali giochi possono essere il primo passo per insegnare a un bambino le basi della logica, il riconoscimento di forme, colori e persino parole semplici. Stimolano il potenziale creativo del bambino, gli insegnano a percepire ed esplorare il mondo che lo circonda.

Quindi, creando questi giochi semplici, ma pieni di amore e cura, i genitori non solo danno gioia al loro bambino, ma gettano anche le basi per il suo sviluppo completo e la scoperta del mondo. In questi giochi, ogni pezzo di cartone e ogni pezzo dipinto è un elemento di apprendimento che insegna ai bambini a riconoscere forme, colori, dimensioni e texture. Questi giochi sviluppano anche le capacità di ordinamento, classificazione, confronto e conteggio di tuo figlio, utili per il futuro apprendimento di matematica e scienze.

Questo aiuta il bambino a sviluppare la sua immaginazione, creatività, logica e capacità motorie. Questi giochi non richiedono grandi spese o istruzioni complesse, ma solo il desiderio di genitori e figli di trascorrere momenti divertenti e interessanti insieme.

Capitolo 8
Regole del gioco per diversi giochi da tavolo.

Come già accennato, questo libro non contiene una **parte pratica e didattica** ; queste due parti sono pubblicate insieme come libro separato, poiché sono pensate per diverse fasce di età e si basano su diverse fiabe per bambini, che costituiscono la base fondamentale per giochi da tavolo.

La parte pratica include nuove fiabe legate ai famosi personaggi classici di varie fiabe e contiene anche diverse regole per i giochi da tavolo. Che sono direttamente correlati alle fiabe e sono pensati per un'età specifica dei bambini , che è direttamente correlata al loro livello di sviluppo.

La parte didattica comprende tutti gli oggetti e gli elementi necessari per giocare ai giochi da tavolo secondo le regole dei giochi basati su fiabe e storie presentate nella parte pratica del libro, che può essere ridisegnato o semplicemente ritagliato dalle pagine di un libro fisico libro di carta e incollandoli insieme, utilizzati immediatamente direttamente nei giochi.

Tuttavia, questo libro presenterà diversi giochi semplici, facili e veloci da realizzare e che saranno interessanti per i bambini sotto i quattro anni :

I- Puzzle fatti in casa. Per un giocatore.
Un'immagine viene disegnata su un foglio o un foglio con una bella immagine viene semplicemente strappato da qualsiasi rivista. Si consiglia di scegliere un bel disegno da una rivista che possa interessare il bambino. Oppure usa un disegno disegnato da te e dal bambino. Questo problema viene risolto direttamente con il bambino.

Successivamente, questo foglio viene tagliato in pezzi **disuguali** . L'ideale è usare **le forbici a zigzag** .

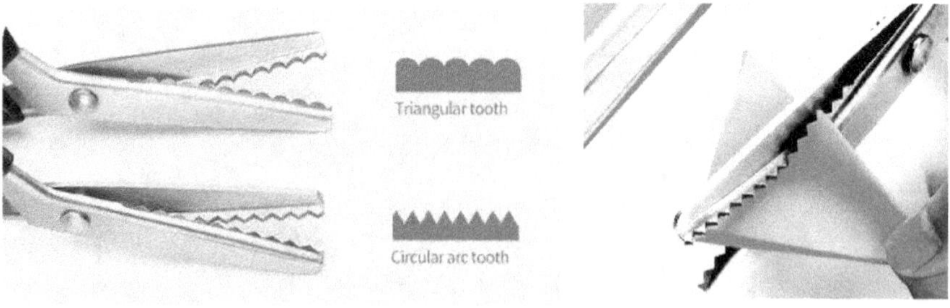

Se non hai le forbici a portata di mano, puoi semplicemente strappare con cura il disegno con le mani, il che può essere ancora più interessante per i bambini.

È importante che alcune parti siano più grandi e altre più piccole, questo renderà più semplice l'assemblaggio del puzzle. Quando si taglia un foglio, è necessario tagliarlo non in linea retta, ma a zigzag ondulato o grande. A seconda dell'età del bambino, un foglio di formato standard A-4 può essere tagliato in 4 parti se i bambini sono molto piccoli. A seconda dell'età e dello sviluppo del bambino, il lenzuolo può essere tagliato anche in 100 piccoli pezzi. Un simile puzzle sarà molto difficile da assemblare.

I pezzi ritagliati vengono posti davanti al bambino sul tavolo o sul pavimento, con i disegni rivolti verso l'alto in modo che possano essere visti, e al bambino viene chiesto di realizzare il disegno originale da queste parti.

Un puzzle realizzato con un semplice foglio di carta è completamente sicuro per un bambino. I bordi affilati della carta non possono nuocere al bambino, e anche se il bambino ingoia un pezzo del puzzle, un sorso d'acqua ammorbidirà quasi istantaneamente la carta e la trasformerà in una poltiglia, che lascerà il corpo in modo del tutto naturale senza alcuna complicazioni.

II. Puzzle fatti in casa. Per uno o più giocatori.

Le regole sono basate sul primo gioco, ma modificate per aumentare la difficoltà del gioco e consentire a più giocatori di partecipare al gioco.

In questo caso vengono selezionate da due a quattro immagini per giocatore. Un prerequisito è che devono avere le stesse dimensioni. Se sono di dimensioni diverse, vengono semplicemente tagliati alla dimensione del disegno più piccolo. Ma la dimensione ideale del disegno è un foglio standard per una stampante A-4. Successivamente questi fogli vengono tagliati in **parti disuguali** , proprio come nelle prime regole in più parti. Assicurati che ogni foglio abbia lo stesso numero di parti di tutti gli altri fogli. Ad esempio, 4 parti per tutti i fogli oppure 20-100 parti per ciascun foglio.

Ora tutte queste parti vengono posizionate sul pavimento o sul tavolo con le immagini rivolte verso l'alto e mescolate accuratamente. Ora i bambini, a turno, prendono un pezzo del puzzle dalla pila comune. Durante il suo turno, il giocatore può rimettere nella pila generale un pezzo del puzzle che ha preso in precedenza, ma che risulta non appartenere all'immagine che sta raccogliendo, e prendere qualsiasi nuovo pezzo del puzzle.

Non ci sono vincitori nel gioco. L'obiettivo è divertirsi. Il gioco termina quando tutti i puzzle sono completati. Prima della partita, i giocatori possono concordare chi raccoglierà quale estrazione, per un gioco più collettivo e un'assistenza reciproca. Grazie a questo, i bambini si aiutano a vicenda a trovare i pezzi giusti del puzzle in una pila comune.

III. Trovane un paio. Per un giocatore.

Preparazione dei componenti del gioco:

Idealmente, utilizzare il cartone, ma è possibile utilizzare carta bianca comune. Si ritagliano dei quadrati di 3x3 centimetri (1x1 pollici). Se stai preparando un gioco per bambini piccoli e utilizzi il cartone, si consiglia di tagliare dei cubetti di almeno 6x6 centimetri (2x2 pollici). Può esserci un numero qualsiasi di quadrati, ma devono essere in coppia.

Ora prendi due carte e disegna su ciascuna la stessa immagine; possono essere numeri, lettere, immagini, emoticon o qualsiasi altra cosa, l'importante è che le due immagini siano uguali. Se si utilizza carta bianca, il disegno viene realizzato con una matita semplice, senza esercitare troppa pressione, in modo che il disegno non sia visibile dal retro.

Per i più piccoli si cominciano ad utilizzare 4 quadrati accoppiati (due paia). Ma man mano che la complessità aumenta, è possibile utilizzare più quadrati per i bambini più sviluppati. Ad esempio, per i bambini di quattro anni, utilizzare rispettivamente 16 (8 coppie), 36 (18 coppie) o anche 64 (32 coppie) di carte. In linea di principio è possibile utilizzare un numero qualsiasi di coppie.

Preparazione al gioco:

Il gioco inizia con le carte accoppiate disposte sul tavolo, a faccia in giù, e accuratamente mescolate sul tavolo. Dopodiché, senza girarli, si dispongono in file regolari in modo che siano ben quadrati, per esempio 2 per 2, 4 per 4, 8 per 8. O di più, o in qualsiasi altro ordine, purché giacciono in modo uniforme e bello.

Regole e giochi per giocatori e giocatrici :

1. Inizia il gioco scoprendo due carte qualsiasi.

2. Se le carte corrispondono, lasciale scoperte e continua il gioco girando le due carte successive.

3. Se le carte non corrispondono, girale a faccia in giù e cerca di ricordare la loro posizione.

4. Continua questo processo, cercando di ricordare la posizione e le immagini sulle carte in modo che sia più facile trovare le coppie nei turni successivi.

5. Il gioco continua finché non vengono trovate tutte le coppie.

Scopo del gioco: raccogliere tutte le coppie.

Per complicare il processo, puoi introdurre una regola per il numero di "aperture non accoppiate". Ad esempio, un giocatore può aprire solo le carte che non corrispondono in coppia 5 o dieci volte durante il gioco. Il numero di "aperture spaiate" può dipendere dal numero di carte sul tavolo da gioco, dall'età del bambino e dal livello di difficoltà selezionato.

Lo scopo del gioco è raccogliere tutte le coppie in modo che rimangano quanti più tentativi possibili. Se tutti i tentativi vengono esauriti, la partita è considerata persa.

IV. Trovane un paio. Per più giocatori.

Componenti e giochi:

- vengono utilizzate le stesse carte del gioco precedente, ognuna delle quali ha una coppia con un'immagine identica. Il numero totale di carte può variare, ma deve essere pari.

Preparazione e gioco:

1. Mescola le carte in modo che siano disposte in modo casuale.

2. Posiziona le carte a faccia in giù sul tavolo in modo che formino una griglia (ad esempio 4x4, 5x4, 6x6, ecc.). La disposizione delle carte dovrebbe essere tale che tutte le carte siano visibili e accessibili a ciascun giocatore.

Le regole del gioco:

1. I giocatori si alternano. Al suo turno, il giocatore gira due carte in modo che tutti i giocatori possano vedere le loro immagini.

2. Se le immagini su entrambe le carte corrispondono, il giocatore prende queste carte ed effettua un'altra mossa.

3. Se le immagini non corrispondono, le carte vengono nuovamente girate a faccia in giù e il gioco passa al giocatore successivo.

4. È importante ricordare dove si trovano determinate carte in modo da poter trovare le loro coppie nei turni successivi.

Scopo del gioco:

- Il gioco continua finché non vengono trovate tutte le coppie di carte.

- Vince il giocatore che raccoglie il maggior numero di coppie.

Questo gioco allena perfettamente la memoria e l'attenzione. A seconda dell'età e del livello dei giocatori, puoi utilizzare un numero diverso di carte e diverse opzioni per le immagini (da semplici a complesse).

Capitolo 9.
Descrizione dell'utilità dei giochi descritti nello sviluppo di un bambino.

Poiché in questo libro abbiamo considerato solo 2 giochi, con le loro due varianti, per una o più persone, considereremo l'utilità di questi due giochi per i bambini. Il matchmaking e i puzzle sono ottime attività di gioco che possono avere un impatto positivo significativo sullo sviluppo dei bambini sotto i 4 anni di età. Stimolano lo sviluppo di varie abilità e capacità cognitive.

Il gioco "Trova una coppia" è uno dei giochi educativi più utili per i bambini sotto i 4 anni. Ecco una descrizione dettagliata dei suoi benefici per lo sviluppo del bambino:

1. Sviluppo della memoria a breve termine e visiva: Durante il gioco, il bambino impara a ricordare il luogo e le immagini sulle carte girate. Ciò contribuisce allo sviluppo della memoria a breve termine, importante per l'assimilazione di nuove informazioni e la loro rapida riproduzione.

2. Migliorare la concentrazione e l'attenzione: per trovare con successo le carte accoppiate, il bambino deve concentrare la sua attenzione e non lasciarsi distrarre. Ciò aiuta a migliorare la capacità di concentrazione, che è importante per l'apprendimento e l'esecuzione di vari compiti.

3. Allenamento alla percezione visiva: il gioco aiuta i bambini a sviluppare la percezione visiva insegnando loro a riconoscere e confrontare forme, colori e immagini. Questa abilità è utile per leggere, scrivere e risolvere problemi di matematica.

4. Stimola lo sviluppo cognitivo: Match the Match stimola lo sviluppo cognitivo mentre i bambini imparano a riconoscere modelli e categorie e a sviluppare il pensiero logico.

5. Abilità sociali migliorate: giocare in gruppo aiuta a sviluppare abilità sociali come il alternarsi, la condivisione, il rispetto delle regole e la capacità di affrontare le sconfitte.

6. Sviluppo motorio: girare le carte aiuta a migliorare le capacità motorie e la coordinazione occhio-mano, che è importante per sviluppare la scrittura e altre abilità manuali.

7. Migliorare le abilità linguistiche: discutere le immagini sulle carte può aiutare a migliorare le abilità linguistiche di un bambino espandendo il suo vocabolario e migliorando la sua capacità di esprimersi.

8. Autoregolamentazione e pazienza: per i bambini piccoli, aspettare il proprio turno per girare le carte può essere una sfida. "Trova una coppia" aiuta a sviluppare l'autoregolamentazione e la pazienza.

In sintesi, il gioco Match a Pair offre una varietà di stimoli positivi per lo sviluppo complessivo di un bambino, supportando sia gli aspetti intellettuali che quelli socio-emotivi dello sviluppo.

Mettere insieme i puzzle è uno dei migliori giochi educativi e di sviluppo per bambini sotto i 4 anni. Questa attività non è solo divertente, ma ha anche molti aspetti benefici per lo sviluppo del bambino:

1. Sviluppo delle capacità motorie: risolvere i puzzle richiede l'uso dei piccoli muscoli delle mani per selezionare e collegare i pezzi del puzzle. Ciò aiuta a sviluppare le capacità motorie, importanti per attività come scrivere, disegnare e manipolare piccoli oggetti.

2. Migliorare la coordinazione occhio-mano: per raccogliere e inserire un pezzo del puzzle al posto giusto, il bambino deve vedere, interpretare e coordinare i movimenti della mano. Ciò migliora la connessione tra la percezione visiva e le capacità motorie della mano.

3. Sviluppare la consapevolezza spaziale: i puzzle aiutano i bambini a comprendere il concetto di spazio e forma insegnando loro a identificare dove si adatteranno i diversi pezzi nel quadro generale.

4. Risoluzione dei problemi e pensiero logico: mettere insieme i puzzle presenta un problema da risolvere. Il bambino impara a pensare in modo logico e strategico, determinando dove si inserisce ogni pezzo.

5. Pazienza e perseveranza: i puzzle spesso richiedono tempo e impegno per essere completati. I bambini imparano ad essere pazienti e persistenti mentre lavorano per raggiungere gradualmente un obiettivo.

6. Sviluppo della memoria: quando compone un puzzle, il bambino usa la memoria per ricordare forme, colori e immagini, il che migliora la memoria.

7. Indipendenza e fiducia in se stessi: man mano che i bambini imparano a completare i puzzle da soli, sviluppano un senso di fiducia nelle proprie capacità e indipendenza.

8. Abilità sociali (gioco cooperativo): chiedere a un bambino di completare un puzzle con genitori o coetanei aiuta a sviluppare importanti abilità sociali come lavorare insieme, condividere compiti e comunicare.

9. Soddisfazione e gioia per il risultato raggiunto: completare un puzzle porta al bambino un senso di realizzazione e gioia, che ha un effetto positivo sul benessere emotivo.

Pertanto, mettere insieme i puzzle è un'attività educativa multifunzionale che contribuisce allo sviluppo completo dei bambini in età prescolare.

I giochi di abbinamento e i puzzle non solo rappresentano un'attività divertente ed educativa per i bambini sotto i 4 anni, ma svolgono anche un ruolo importante nel loro sviluppo cognitivo, fisico ed emotivo.

Realizzare giochi come "Trova la coppia" e puzzle in carta e cartone per i bambini stessi presenta una serie di importanti vantaggi e promuove lo sviluppo di molte abilità. Ecco qui alcuni di loro:

1. Sviluppo della creatività: il processo di creazione di giochi con carta e cartone stimola la creatività e l'immaginazione. I bambini possono inventare i propri progetti, disegni e regole, sviluppando la loro creatività.

2. Migliorare le capacità motorie: lavorare con carta e cartone, come tagliare, incollare e disegnare, aiuta a migliorare le capacità motorie e la coordinazione occhio-mano.

3. Sviluppo delle capacità di pianificazione e organizzative: pianificare il processo di creazione di un gioco, come determinare i materiali necessari e la sequenza delle azioni, sviluppa capacità organizzative e la capacità di seguire le istruzioni.

4. Risoluzione dei problemi: durante la creazione di giochi, i bambini si trovano ad affrontare vari problemi e problemi che devono essere risolti, ad esempio come rendere le carte durevoli o come tagliare correttamente i puzzle.

5. Abilità matematiche: misurare, segnare e tagliare carta e cartone per creare giochi aiuta a sviluppare abilità matematiche di base come il conteggio, la misurazione e la percezione geometrica.

6. Sviluppare abilità linguistiche: discutere l'idea del gioco, le istruzioni e le regole con genitori o colleghi aiuta a sviluppare abilità linguistiche e comunicative.

7. Abilità sociali: lavorando con altri bambini o adulti, il bambino impara il lavoro di squadra, la condivisione dei compiti e l'interazione.

8. Fiducia e autostima: creare e poi giocare al proprio gioco aiuta a sviluppare fiducia nelle proprie capacità e autostima.

9. Benessere emotivo: il processo di creatività e di gioco che crei tu stesso porta soddisfazione, gioia e orgoglio per i tuoi risultati.

Realizzare i propri giochi con carta e cartone non è solo divertente, ma fornisce anche uno sviluppo olistico al bambino, stimolando sia gli aspetti intellettuali che quelli socio-emotivi della sua crescita.

Conclusione .

In questo lavoro attentamente pensato e informativo, riveliamo ed esaminiamo la ricca gamma di opportunità per genitori ed educatori di essere veramente coinvolti nell'educazione ludica dei bambini. Ponendo l'accento sull'importanza dei metodi basati sul gioco, il libro non copre solo gli aspetti teorici dello sviluppo della prima infanzia, ma offre anche approcci pratici e facilmente applicabili per arricchire le interazioni quotidiane con i bambini.

Questo libro non è solo una guida per i genitori, ma anche una poesia dedicata alla grandezza del gioco e al suo ruolo nella vita dei nostri figli. Vibra di corde di comprensione, empatia e saggezza, ricordandoci che ogni momento trascorso con un bambino è un'opportunità per seminare semi di amore e conoscenza che cresceranno in un rigoglioso giardino di possibilità.

Quest'opera è una risorsa preziosa per chiunque si impegni a sviluppare la personalità di un bambino completa e armoniosa, piena di amore, gioco e apprendimento.

Beneficenza .

Oggi voglio parlarvi della fondazione di beneficenza privata "UA heart", impegnata in una causa molto importante e nobile. Questo fondo aiuta gli orfanotrofi in Ucraina, dove vivono i bambini che hanno perso i genitori a causa della brutale guerra della Russia contro l'Ucraina.

Questi bambini hanno bisogno del nostro sostegno e delle nostre cure. Vogliono vivere in pace e felicità, imparare e svilupparsi, avere amici e famiglia. Ma non hanno altro che paura e solitudine. Stanno aspettando il nostro aiuto e la nostra speranza.

La UA heart Foundation organizza vari eventi e progetti per migliorare la vita di questi bambini. Raccoglie donazioni per acquistare vestiti, giocattoli, libri, medicinali e altri beni necessari. Organizza anche eventi in cui i bambini possono comunicare con volontari, psicologi e altre persone pronte a condividere con loro il loro calore e il loro amore.

Puoi aderire a questo fondo e dare il tuo contributo per salvare questi bambini. Puoi fare una donazione sul sito della fondazione qui sotto. Puoi anche diventare volontario e visitare uno degli orfanotrofi in Ucraina per donare personalmente ai bambini la tua attenzione e il tuo sorriso. Puoi parlare del fondo ai tuoi amici e conoscenti per diffondere informazioni sulle sue attività.

Non rimaniamo indifferenti al destino di questi bambini. Mostriamo loro che non ci siamo dimenticati di loro, che siamo con loro, che li amiamo e crediamo in loro. Diamo loro la possibilità di avere un'infanzia felice e un futuro luminoso. Apriamo i nostri cuori per la fondazione "UA heart".

https://www.buymeacoffee.com/UAheart

UAcorazon@gmail.com

Ora c'è una guerra in Ucraina, le città vengono distrutte, i civili muoiono, le famiglie vengono distrutte e i bambini perdono i genitori, rimanendo orfani. Sono sicuro che non potresti rimanere indifferente di fronte a questa enorme tragedia che sta accadendo davanti ai nostri occhi in Ucraina nel nostro secolo. E se desideri fare qualcosa di buono per aiutare queste sfortunate vittime della guerra che meritano una vita migliore, allora ci sono diversi modi in cui puoi mostrare la tua gentilezza e compassione.

Uno di questi è acquistare un'altra copia di questo libro e regalarla a chi desideri . In questo modo aiuterai gli autori del libro, che devolveranno la maggior parte del ricavato per aiutare i bambini colpiti dalla guerra. Dopotutto, questi sono i bambini, il nostro futuro, e non possiamo lasciarli senza sostegno e cura.

Puoi anche donare alla nostra fondazione privata, che fornisce assistenza umanitaria agli orfani in Ucraina :

Ma il modo migliore per aiutare è adottare un bambino ucraino. In questo modo salverai una vita distrutta e le darai una nuova famiglia, una nuova casa, una nuova speranza. Darai un futuro nella vita a una piccola anima innocente che ha tanto bisogno del tuo amore e delle tue cure. Renderai questo mondo un posto migliore e più gentile e riceverai in cambio la cosa più preziosa: la gratitudine e la felicità del bambino che diventerà tuo figlio o tua figlia."